纪念陈作霖先生逝世100周年

（1920—2020）

南京市地方志编纂委员会办公室

南京出版传媒集团·南京出版社

南京稀见文献丛刊

教谕公稀龄撮记

（清）陈元恒 编
（清末民初）陈作霖 补编

可园备忘录

（清末民初）陈作霖 自述
（民国）陈祖同 记录
（民国）陈诒绂 补编

凤叟八十年经历图记

（清末民国）陈作仪 绘撰

点校 薛 冰

南京出版传媒集团
南京出版社

图书在版编目（CIP）数据

教谕公稀龄撮记·可园备忘录·凤叟八十年经历图记 /
（清）陈元恒编 . -- 南京：南京出版社，2020.3

ISBN 978-7-5533-2812-6

Ⅰ . ①教… Ⅱ . ①陈… Ⅲ . ①陈元恒（1818-1892）
—年谱②陈作霖（1837-1920）—年谱③陈作仪（1858-
1934）—年谱 Ⅳ . ① K825.4

中国版本图书馆 CIP 数据核字（2020）第 025102 号

丛 书 名：南京稀见文献丛刊
书　　名：教谕公稀龄撮记·可园备忘录·凤叟八十年经历图记
作　　者：（清）陈元恒，（清末民初）陈作霖；（清末民初）陈作霖，
　　　　　（民国）陈祖同、陈诒绂；（清末民国）陈作仪
出版发行：南京出版传媒集团
　　　　　南 京 出 版 社
　　社址：南京市太平门街53号　　　　　邮编：210016
　　网址：http://www.njcbs.cn　　　　电子信箱：njcbs1988@163.com
　　联系电话：025-83283893、83283864（营销）　025-83112257（编务）

出 版 人：项晓宁
出 品 人：卢海鸣
责任编辑：杨传兵
装帧设计：王　俊
责任印制：杨福彬

排　　版：南京新华丰制版有限公司
印　　刷：南京工大印务有限公司
开　　本：890毫米×1240毫米　1/32
印　　张：7.75
字　　数：148千
版　　次：2020年3月第1版
印　　次：2020年3月第2次印刷
书　　号：ISBN 978-7-5533-2812-6
定　　价：36.00元

南京出版社
图书专营店

总　序

　　南京是我国著名的七大古都之一,又是国务院首批公布的 24 座历史文化名城之一。有将近 2500 年的建城史,约 450 年的建都史,号称"六朝古都""十朝都会"。南京的地方文献是中华历史文化资源的一个重要组成部分,是研究我国政治、经济、军事、文化和民风民俗的重要资料。为了贯彻落实党的十九大精神和习近平新时代中国特色社会主义思想,配合南京的经济发展与城市建设,深度挖掘历史文化资源,做好历史文献整理出版工作,不仅有利于传承、弘扬南京历史文化,提升南京品位,扩大南京影响力,也有利于推动物质文明、政治文明、精神文明、社会文明、生态文明协调发展。

　　长期以来,南京地方文献还没有系统地整理出版过,大量的南京珍贵文献散落在全国各地的图书馆和民间。许多珍贵的南京文献被束之高阁,无人问津,有的随着岁月的流逝而湮没无闻。广大读者想要查找阅读这些散见的地方文献,费时费力,十分不便。为开发和利用好这一祖先留给我们的文化瑰宝,充分发挥其资治、存史、教化、育人功能,南京出版传媒集团·南京出版社与南京市地方志编纂委员会办公室组织了一批专家和相关人员,致力于搜集整理出版南京历史上稀有的、珍贵的经典文献,并把"南京稀见文献丛刊"精心打造成古都南京的文化品牌和特色名片。为此,我们在内容定位上是全方位、多视角地展示南京文化的深层内涵和丰富魅力;在读者定位上是广大知识分子、各级党政干部以及具有中等以上文化程度的人;在价值定位上,丛书兼顾学术研究、知识普及这两者的价值。这套丛书的版本力求是国内最早最好的版本,点校者力求是南京地方文化方面的专家学者,在装帧设计印刷上也力求高质量。

总之,我们力图通过这套丛书的出版,扩大稀见文献的流传范围,让更多的读者能够阅读到这些文献;增加稀见文献的存世数量,保存稀见文献;提升稀见文献的地位,突显稀见文献所具有的正史史料所没有的价值。

"南京稀见文献丛刊"编委会

导　读

一

本书汇集近现代南京文人稀见年谱三种。

《教谕公稀龄撮记》一卷,编者陈元恒,字葆常,号棠芬老人,清嘉庆二十三年(1818)生于南京,同治六年(1867)中举人,曾任东台县学教谕,光绪十八年(1892)去世,诰赠通议大夫。《教谕公稀龄撮记》手稿现藏国家图书馆,曾汇印入北京图书馆出版社1999年出版的《北京图书馆藏珍本年谱丛刊》第163册。

《可园备忘录》,陈作霖自述,陈祖同记录整理。陈作霖系陈元恒长子,字雨生,号伯雨,晚号可园、可园老人等,学者尊称可园先生,清道光十七年(1837)生于南京,光绪元年(1875)中举人,1920年去世。《可园备忘录》稿本存世,中华书局1961年出版《太平天国史料丛编简辑》曾选载其中四个月内容。江苏广陵古籍刻印社1986年据陈氏家藏稿本影印,线装一册。

《凤叟八十年经历图记》,陈作仪绘撰。陈作仪系陈元恒次子,字凤生,一号凤叟、乌榜村农,学人尊称逸园先生,咸丰六年（1856）生于凤阳，九岁回南京定居，光绪十六年（1890）中进士，1934年去世。其婿孙为霖整理遗稿，以珂罗版影印若干分赠友人。

陈氏父子这三部著作，虽然书名各异，实则体例类同，都属作者的自订年谱。此前固曾有影印出版，或印数甚微，或价格过昂，故至今为世所稀见，且均未出版过点校本。今年正值陈作霖逝世一百周年，我们特将这三部著作汇为一册，标点出版，以志纪念。

本次标点所采用底本，《教谕公稀龄撮记》用《北京图书馆藏珍本年谱丛刊》本，《可园备忘录》用广陵古籍刻印社影印本，《凤叟八十年经历图记》用1934年孙为霖影印本。三书现传于世者，皆系据手稿影印，其版本出于一源，无可比勘。所以本次标点中，原则上一律遵照原文，不做妄改。对于根据前后文义或作者其他著作，可以确定有错误的个别文字，则在误字之后，以[ ]标出正字。《凤叟八十年经历图记》中陈作仪手绘图，是其年谱的组成部分，所以本书在标点排印文字以外，仍将原图影印附入，以成完璧。

二

近代南京的文化家族中，世代书香的红土桥陈家，尤其引人瞩目。

陈元恒的祖父陈授，生活于清代乾嘉年间，虽然只取得增生资历，但以经学享誉儒林，教子有方，他的两个儿子陈维垣、陈维屏在嘉庆二十四年（1819）同榜中进士。陈授后以善行入祀乡贤祠,诰赠中宪大夫。

陈元恒之父陈维垣官至内阁中书,因病早逝,陈元恒年方八岁,以孤儿发愤苦学,五十岁得中举人。时值太平天国战乱之后,江南典籍文献损失殆尽,他除几次短暂担任公职之外,专心搜集、研究南京地方文献,光绪初《续纂江宁府志》"厕名参阅"《金陵通传》称其"上采六朝,下稽明史,旁及诸名家之记载,以至碑版文字,凡有关于乡邦掌故者,皆刺取之"。这对家族后辈产生了深刻影响。陈作霖中举后,三次赴京会试不利,遂绝意科举,专心于地方文献的编撰,著书近三十种。同治十三年(1874)参与纂修《上江两县志》,是陈作霖进入方志领域的开始。三年以后,他已独力辑成《金陵通纪》,接着以五年时间编纂《金陵通传》。两书一记典章,一记人物,使他对于南京历史文化的把握,从感性阶段上升到理性阶段,这是另一种坚实的基础。其间他再入志局分纂《续纂江宁府志》,后复撰述《金陵琐志》五种,编辑《续金陵诗徵》《国朝词徵》《国朝金陵文徵》《历代遗民传》等,也就都势如破竹了。其所纂《上元江宁乡土合志》,不仅是南京的第一部乡土志,而且采用了新型的体例纲目,可以说是南京新旧方志间的承前启后之作。此外陈作霖还有两次进入志局的经历,一是光绪二十七年(1901)成立的编译官书局,延陈作霖任分纂,该局在宣统二年(1910)改为江苏通志局;二是在1920年修《续纂同治上江两县志》时,公推陈作霖为总纂,其子陈诒绂也担任分纂。陈作仪著有《逸园诗文集》《蚊睫巢笔记》

《息庐谈荟》等,《凤叟八十年经历图记》中,关涉地方史事亦多。

陈作霖长子陈诒绂,光绪二十四年(1898)中秀才,先后任南京中学堂、师范学堂教习近三十年,教学之暇从事乡邦文献撰述,有《续金陵通传》《续金陵文钞》以及《金陵艺文志》《金陵陵墓志》《金陵小品丛书》《金陵隐逸传》《金陵耄贤传》等。陈作霖《金陵琐志》五种中《运渎桥道小志》《凤麓小志》《东城志略》所述,已涵括老南京的城南地区。陈诒绂在陈作霖指导下,依此体例,续撰《钟南淮北区域志》记南京城东北山水、街巷、园墅、人物,据顾云《盋山志》增补整理成《石城山志》,记城西北事。合上述五种,今人可以对晚清南京有多方位的客观了解。此后陈诒绂又独力编纂《金陵园墅志》。陈诒绂纂修《江苏通志·艺文志》稿本藏中国科学院文献情报中心,后汇印入《中国科学院文献情报中心藏稀见方志丛刊》。

陈诒绂独子陈祖同,1918年入北京大学深造,曾参与编纂《江苏通志》,并记录祖父口述,编定《可园备忘录》。抗战胜利后,陈祖同回到南京,兼任南京市文献委员会委员,赞卢翼野先生辑《南京文献》,还被国史馆聘任为协修。陈祖同堂弟陈祖深,担任中学教员数十年,撰有《历岁琐言》《秣陵采撷录》等。陈祖同之子陈鸣钟,历任中国第二历史档案馆研究馆员《历史档案》副主编《民国档案》常务副主编,主编《清代南京学术人物传》等,1986年将《可园备忘录》稿本拍成照片,提供影印出版。陈氏家族,以经学、文学、史学名家,绵延七世,在南京近代文化史上占有重要地位,值得今人认真研究。

三

陈元恒晚年编《稀龄撮记》,虽然在《叙》文中说"一介寒儒,名不出里党,于生前自行历溯,其诞妄殊可叹已","如曰年谱,则吾岂敢",但仍完成了这"编纂岁月,用备遗忘"的工作,只是没有用年谱之名。文尾署"时光绪丁丑年小阳月",可知他是在六十岁那年开始编纂,此后"随事赓续",直到七十五岁去世,最后一年是长子陈作霖补录的。

陈元恒一生历经坎坷,早年丧父,全靠母亲辛劳抚育,忍辱负重。所以他说作此《稀龄撮记》的目的,是"于母氏劬劳,敬述一二,以诒我后人",文中一再记述母亲的谆谆教诲,并终身谨守。他中年遭逢太平天国战乱,困处城中四个月,后侥幸得以逃脱,合家老弱四处避难,颠沛流离十三年,仅靠其教私塾维持生计,后不得不投军以养家。因战乱和贫困,他十五年未能参加乡试,五十岁才得中举人。他于国家要事,亦多所关心,如英军侵犯镇江、法军侵扰闽浙等,皆有记载。

《教谕公稀龄撮记》虽然记事简略,但为后辈树立了一个榜样。他的两个儿子,都承续了这一家风。

陈氏族人中,陈作霖对南京地方文化的贡献尤大,《可园备忘录》是研究陈作霖生平事迹的第一手材料,也为我们研究陈作霖所生活的时间与空间提供了难得的原始材料。其中最重要的内容，大约可梳理为这样几类：一是陈氏求学和治学的经历，一是陈氏游历南京及周边地区自然与人文景观的记录，一是太平天国占领南京初期陈氏的亲历见闻，一是陈氏眼中、心中的晚清大变局。

陈家这样的书香门第，对于培养后代求学自有经验。从陈作霖四岁开始的读书经历，可以看到一个清晰的循序渐进过程。他从四岁开始读四书五经，七岁学对句，九岁学作文，十岁学作诗，十一岁开始读史，《左传》《战国策》《资治通鉴》，及《尔雅》《周礼》《仪礼》，且兼涉野史、演义、小说，可谓由专入博。值得注意的还有文化家族之间的联姻，更有利于学问的转相传授。陈元恒写道："道光甲午、乙未，予受业夏姑丈之门，幸有寸进。同治乙丑，幼威表弟以文就正，为日无多。昨仁溥、仁沂两表侄，附从霖儿数载，仁沂入泮食饩，仁溥登今科贤书。回忆姑丈当日，饮食教诲，阅五十余年不敢忘。至是，图报之心得以快然无憾已。"诚如陈作霖所言："父兄子弟，自相师友。"夏家而外，陈家与周家、朱家等都是数代姻亲。

陈作霖自述十五岁补县学生员后，"读书每肆涉猎，不能专心"，三十岁后在仓巷叶宝树家坐馆，叶家"多藏书，恣意涉猎"，然而此前打下的坚实国学基础，使其终身受益。他先后肄业于钟山、惜阴二书院，三十九岁中举，此后近半个世纪岁月中，倾全力搜集整理乡邦文献，编撰南京史志，著述宏富，成为近代南京最重要的方志学家。他还是一位有影响的诗人，名列晚清"石城七子"之中，著有《可园诗存》《可园词存》《可园诗话》及《可园文存》等。《清史稿》将其列入《儒林传》。陈作霖去世后葬在清凉山古林庵后，后迁至迈皋桥，其墓地现为南京市重点文物保护单位。

从《可园备忘录》中可以看出，陈作霖选择这样的人生道路，同他的个性有关。他"性好游"，从十岁开始，就有意识地探寻山水园林，特别是人文景观，对于其来龙去脉、佳胜所在、楹联碑记以至轶闻逸事，均多所关心。此后因避太平天国战乱流寓安徽十余年，辗转宣城、全椒、凤阳、盱眙、宝应等地，进京赴考游历北京，途经上海与天津，到湖南探视弟弟陈作仪，不同地域的差异与比较，使其对于南京的风物特征有更明确的认识。而他对于路线、行程、景物等各方面的准确记载，也成为一种有价值的历史资料。

咸丰三年(1853)二月，太平军攻占南京，陈作霖一家困处城中一百二十日。与陈元恒的简述不同，十七岁的陈作霖对于太平天国入城之初的活动记述甚详。全家老少躲藏复室之中，听闻各种劫掠消息，惊恐无比，几欲举家自焚，因太平军以烧房威胁，不得不外出，父子俱受刀伤。此后得亲友相助，陆续逃出城外，十余年间的避难流寓，也都在南京附近，目睹耳闻所得，无疑是研究太平天国的重要参考资料。

对于晚清的种种变革，陈作霖并无反感，学堂兴，他"奉府尊照会，延为县学堂正教习"，后改称"堂长"，"每日至学堂办事"。张之洞"设两江学务处，委充学务处参议"。南洋官报局成立，他被聘担任"帮总纂"。废科举，"改崇文经塾为崇粹学堂,仍充校长"。光绪三十二年(1906)"八月,学、商界庆贺立宪,举国若狂"。甚至写到辛亥革命,也是如此平常:"是月,革命党起义于湖北武昌,远近皆响应。十月,联军攻江宁。总督以下皆弃城走,金陵遂归民国矣。"这样的一些记述,对于后人研究那一代知识分子在历史大变局中的思想行为,也是颇有意义的。

《可园备忘录》稿本为陈祖同手录,固无疑问,但陈祖同所据以整理的,应不仅限于陈作霖的口述,也有陈作霖平日所作札记之类。如咸丰三年六月初八日记录中,陈作霖特别说明:"以上在贼中时记,凡百二十日,皆身所亲历之境,故言之较详,当不嫌其琐屑也。"此外如远行里程,游历景观,应该当时亦有记录,否则数十年后,难以说得如此详尽准确。

陈作仪《凤叟八十年经历图记》,因已印制成书,故而有商衍鎏、王孝煃分别题签,并有夏仁沂《陈逸园先生传》、夏仁虎《序》及陈诒绂、孙为霆《跋》,让我们在陈作仪的自述之外,得以了解更多的信息。

夏仁沂是陈作仪表弟,又曾受业于陈作霖,所以对陈家故实十分清楚。陈作仪出生于凤阳,是因为全家避太平天国战乱。由于家庭生活困苦已极,曾有让他辍学从商之议,所以他格外珍惜求学的机会,后来终于考中进士。他在湖南新宁、龙阳知县任上,"清讼狱、编团防、禁种烟、兴水利、实仓储、修衢路、设工厂、恤羁囚、收土枪、改棉种、裁胥役、息赌风,一切善政,无弗备举,而尤以创设学堂为各县最",其中多项属于当时的新政。在"得风气之先"的湖南,他又能够走在前列,所以颇受好评。告老回南京后,他在西州桥(即莫愁路中段文津桥西的望仙桥,今已废)畔堂子街购地建宅,自号"乌榜村农",所以书前自画像上方,有他自撰的《乌榜村农传》。

陈作仪将自己的生平经历,绘图作记,多为一年一图,选绘当年的一件大事,共完成八十九幅。这样的图文并茂,当受到《鸿雪因缘图记》的影响,算是年谱的一种特殊形式。据其婿孙为霆《跋》所述,他本打算"自写生平踪迹,期成百帧",以一百幅图记八十年事,标题都拟好了,结果在七十九岁时病逝。陈作仪没有儿子,遗命"不立嗣",所以此书由孙为霆印出,作为纪念。孙为霆是吴梅先生在中央大学的得意门生,也曾在中央大学任教,1960年代尚在陕西师范大学。陈作仪的画少匠气,随心挥洒,达意而已,但构图确有特出之处,常显示一种正规画家所不用的切入角度,空白留得也好。尤为可贵的是他画了几十幅南京风物,其中不少景观,于今已大部甚至全部泯灭,只存在于历史的记忆中了。

《教谕公稀龄撮记》记1818年至1892年事,《可园备忘录》记1837年至1920年事,《凤叟八十年经历图记》记1856年至1934年事,前后相沿一个多世纪,而各人观察记录世事的视点与重点不尽相同,正可看出时移世变的反映。尤其是三人共同经历的重大事件,将各人的记述对照来看,足以给我们更多的启迪。

陈作霖之孙陈祖深所著《历岁琐言》，亦属此一类，现仅稿本存世。他从1964年开始撰写《历岁琐言》，自1909年记至1974年，每年分"本身经历""近亲动态""其他大事"三栏，大至家国变迁，小至家长里短，均据实以载。书前叙旨写道："事表人表，史迁创义。撮记年谱，代有先例（曾祖有《稀龄撮记》，大父及叔祖均有类此之作）。岁月增减（古诗'无情岁月增中减'），至堪警惕。人世浮沉，感兹□□。世态炎凉，斯难描记。自述一生，于焉历历。"其承续祖风的用意是很明确的。

唐圭璋先生有词作《减字木兰花·题可园备忘录》："金陵世胄，一代通儒推祭酒。博大精深，文史兼长四海钦。　　传灯岁月，香馆绵延飞玉屑。仰止高山，盛世方欣读秘传。"

唐先生视《可园备忘录》为"秘传"。我想，这首词也可以视为对本书所收三部"秘传"的共同评价。

薛　冰

总目录

教谕公稀龄撮记

（清）陈元恒 编
（清末民初）陈作霖 补编

点校 薛 冰

南京稀见文献丛刊

南京出版传媒集团
南京出版社

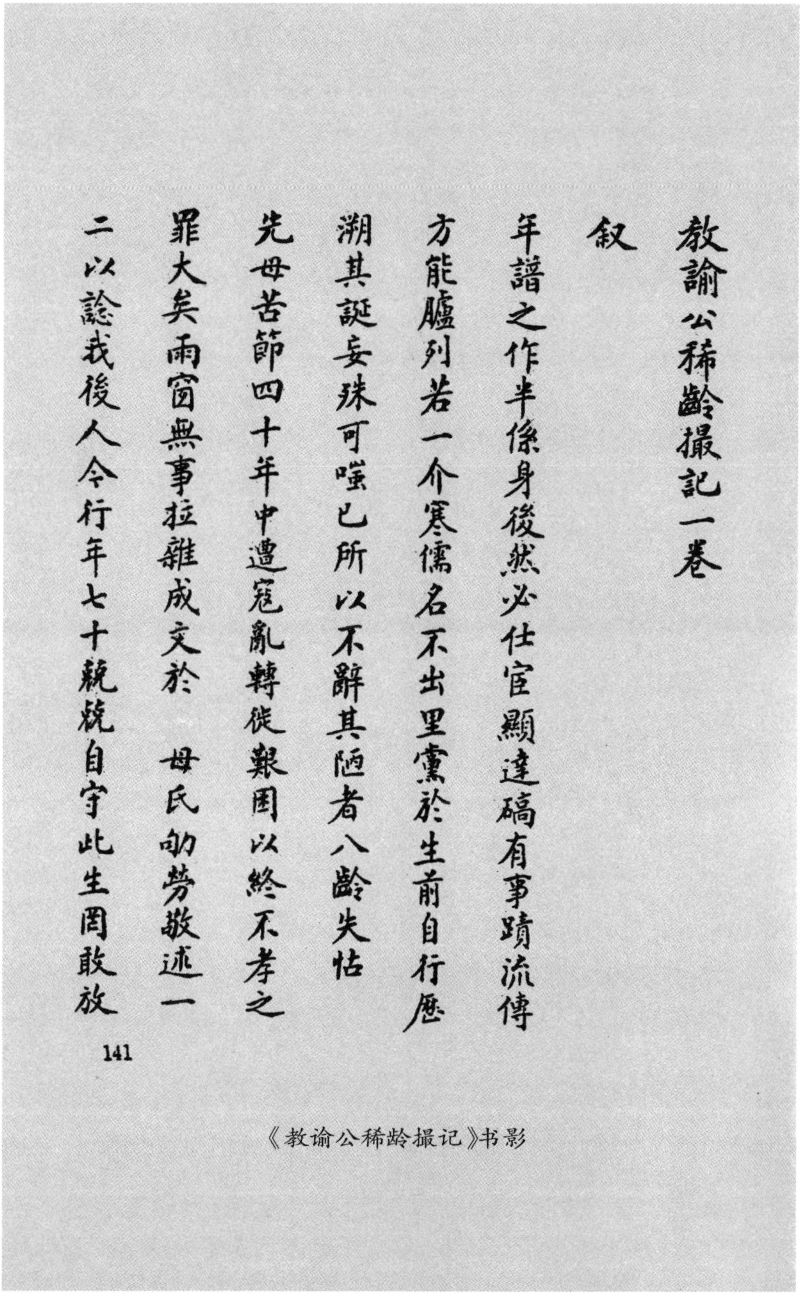

教諭公稀齡撮記一卷

叙

年譜之作半係身後然必仕宦顯達碩有事蹟流傳

方能臚列若一介寒儒名不出里黨於生前自行歷

溯其誕妄殊可噗巳所以不辭其陋者八齡失怙

先母苦節四十年中遭寇亂轉徙艱困以終不孝之

罪大矣兩窗無事拉雜成文於　母氏劬勞敬述一

二以諗我後人今行年七十覷覥自字此生周敢放

141

《教谕公稀龄撮记》书影

佚得力於　慈訓居多騙蒙歲月用備逍忘倘天假

以年隨事賡續之可也如日年譜別吾豈敢時光緒

丁丑年小陽月棠芬老人自識於可圃之竹軒

撮記

嘉慶二十三年戊寅年一歲

十二月十四日亥時生於斗門橋老宅後樓　是

秋　先考豐之公領鄉薦

嘉慶二十四年乙卯年二歲

先考春闈偕　叔父劍芝公同捷南宮　先考以

內閣中書用　閏四月十七日　祖母蔡太恭人

142

《教諭公稀齡撮記》书影

叙

　　年谱之作，半系身后。然必仕宦显达，确有事迹流传，方能胪列。若一介寒儒，名不出里党，于生前自行历溯，其诞妄殊可叹已。所以不辞其陋者，八龄失怙，先母苦节四十年，中遭寇乱，转徙艰困以终，不孝之罪大矣。雨窗无事，拉杂成文，于母氏劬劳，敬述一二，以诒我后人。今行年七十，兢兢自守，此生罔敢放佚，得力于慈训居多。编纂岁月，用备遗忘，倘天假以年，随事赓续之可也。如曰年谱，则吾岂敢。

　　时光绪丁丑年小阳月，棠芬老人自识于可园之竹轩。

嘉庆二十三年戊寅，年一岁

十二月十四日亥时,生于斗门桥老宅后楼。

是秋,先考丰之公领乡荐。

嘉庆二十四年己卯，年二岁

先考春闱偕叔父剑芝公同捷南宫。

先考以内阁中书用。

闰四月十七日,祖母蔡太恭人弃养。

嘉庆二十五年庚辰，年三岁

六月二十一日,祖考中宪公弃养。

是岁,先考中书公就庐州知府钱恕堂先生之聘,先考县试时受知师也。

道光元年辛巳，年四岁

入家塾,从世父价之公读。

时先考因座师帅仙舟先生抚浙,延主紫阳书院,遂赴浙。

道光二年壬午，年五岁

先考仍主讲紫阳。

道光三年癸未，年六岁

正月,先考率眷属乘粮艘北上。

五月,抵京,住保安寺街。隔墙有枣树一株,荫覆小庭。

道光四年甲申，年七岁

从先考读。

时先考馆同年俞主政诵芬宅，偃直之暇，课徒及子。后俞生辈皆登贤书。

道光五年乙酉，年八岁

春，迁居米市胡同。

秋，先考染时疾，误服补剂，九月初七日弃养。

忆弥留时，执不孝手，属先母云："好生看待此子，当可有成。"迄今六十余年，殡敛情形，宛然在目。伤哉！

冬，迁回保安寺街宅。

季父寄芸公由山西榆社来京，旋回晋。

道光六年丙戌，年九岁

二月，中旬，奉母扶灵柩由旱路回南，路费均系山西措寄。济周从伯父伴送。

三月，初十日抵王家营，买舟清江浦。二十日到家，住斗门桥本宅。

从世父价之公读。世父怜悯孤儿，馆课虽严，从未扑责。

道光七年丁亥，年十岁

从世父读。

先考京中赙余二百七十金，存门人伍君庆祥处，嗣因事需用，陆续抽回。

溯先考见背后,叔父观察公接济家用及喜寿等事,另行筹寄垂三十年。

道光八年戊子,年十一岁

从世父读。

先是祖父母未安宅岁,卜得陆姓之山,地师交口称赞,会安葬期迫,有乡人不甚许可。先考默祷云:"如有殃咎,当在予身。"当先考弃养,世父疑地不吉,开穴,果有水。因买太平门外前新塘朱姓之山,于是年改葬祖父母。先考亦祔葬焉。

道光九年己丑,年十二岁

从季父寄芸公读,《五经》读竟。

道光十年庚寅,年十三岁

从季父读,始学作文。

是冬,迁居中正街新宅,观察公所购也。斗门桥后楼任族人居之。

道光十一年辛卯,年十四岁

从季父读。

夏大水,中正街宅水浸厅阶。

道光十二年壬辰,年十五岁

从季父读。

初应童子试。体弱不耐攻苦，故多作辍。

道光十三年癸巳，年十六岁

从季父读。

再应童子试。

夏大水。以中正街地势较低，迁居南乾道桥。屋颇宽敞，而所居后进院宇甚局促也。

道光十四年甲午，年十七岁

仍从世父读，兼就正夏紫骏姑丈。

频年寄食伯叔间。世母吴孺人贤淑去世，至是另爨，一无所有。

先母常云，予以命薄，回南，家庭一切事件隐忍让人，未尝计较，但愿吾儿有成，一吐此气耳。

道光十五年乙未，年十八岁

从夏姑丈读。

三月，娶李氏，母舅鹤年公之女也。

先母勤俭居家，率新妇纺绩添补日用，门以内无诟谇声，数十年如一日。

七月，龚文恭公按临岁试，入学。文题"射不主皮"，诗题"夜深灯火见扬州"。

道光十六年丙申，年十九岁

从张紫荆姑丈阅文。

春，就馆评事街周宅。

十月，移斗门桥老宅，馆餐自备，开门受[授]徒。

道光十七年丁酉，年二十岁

仍从张姑丈阅文，馆老宅。

四月，长男作霖生。

道光十八年戊戌，年二十一岁

冬，偕同人作文会，呈姚瑞庭师评阅。凡十一人，夏伯音、王竹士、哈聘之、邵心莲与焉。

道光十九年己亥，年二十二岁

从瑞庭师阅文。

八月，长女生。

道光二十年庚子，年二十三岁

仍从瑞庭师阅文。

先母垂训，不准晚出。遇有酬应，亦以二鼓为率。迄今犹懔遵也。

道光二十一年辛丑，年二十四岁

春，毛伯雨宗师岁试，补廪膳生。

每月文会外,又有窗课。与哈聘之、张鹤俦、谢小山相切劘。聘之尤善指示,洵称益友。

道光二十二年壬寅,年二十五岁

夏,英夷入寇,陷镇江。

六月,奉母率眷避兵南乡之陈墟桥,地近牛首,塔殿巍峨,松柏苍古,与周梅溪妹丈游焉。

八月,和议定,回城。

道光二十三年癸卯,年二十六岁

正月,次女生。

自丙申以来,馆老宅者八年,咿唔一堂,修脯仅三四十千。惟伯龙从弟粗解时艺,凡从游十二年。其余诸弟,皆暂从辄去。

道光二十四年甲辰,年二十七岁

春,移馆来凤街柏宅。书斋轩爽,花木清幽,蕙兰、牡丹尤盛,心境为之一展。

道光二十五年乙巳,年二十八岁

馆柏宅。

频年肆业钟山书院。山长王䌹斋祭酒亟赏之。

道光二十六年丙午,年二十九岁

馆柏宅。

正月，三女生。

先母性慈厚，遇戚党有急，往往质物佽助，不责其偿。近年馆入较丰，并不肯丝毫费用。而因人受累，回南后难悉数焉。

道光二十七年丁未，年三十岁

馆柏宅。

生平性懦口钝，见事太迟，间有与人交涉处，多被欺侮。杭某、张某，其尤著也。

道光二十八年戊申，年三十一岁

馆柏宅。

先母守节抚孤，是年奉旨旌表。

夏、秋大水。

道光二十九年己酉，年三十二岁

春，移馆斗门桥严宅。

岁、科试屡列优等。先母以系独子，深虑远离，选拔弗令报考。每逢秋闱，亦不甚盼望，但云安居乐业，于愿以足。岂料流离之即在目前哉。

夏大水，较往年尤甚，城中陆地行舟。水，阴象也，亦兵象也，癸丑之祸兆矣。

道光三十年庚戌，年三十三岁

馆严宅。

是年广西金田贼起。

咸丰元年辛亥，年三十四岁

馆严宅。

秋，青墨卿宗师按临，霖儿入学。

先母钟爱长孙，免乳后躬自鞠育。幼掇芹香，心极快慰。

咸丰二年壬子，年三十五岁

馆严宅。

是年粤贼出广西，掠湖南，陷武昌，警报迭至。

咸丰三年癸丑，年三十六岁

正月，霖儿娶席氏。

二月，粤贼至，围城十日，破之。合家陷贼中。

三月十一日，与霖儿在红纸廊遇贼，均被斫未殊，遂匿迹机匠，朝不保暮。

六月，霖儿随周梅溪妹丈间道出，至朱门乡，依甘丈畸人居。

七月，媳席氏病殁围城。

八月，别母潜逃，亦至朱门甘寓。

九月，率叔贤从弟、霖儿应宣城伍明府庆祥之招。黄池告警，遂赴宁国县公寓。

十二月三日,返朱门。

先母在围城,弱妻百计营求,无人援手,是月十四日始脱于难,赁屋朱门街。甘实庵世伯母赠先母皮袄一件。穷途得此,尤为可感。

咸丰四年甲寅,年三十七岁

正月,次女出。

先母乡居困苦,仍有无知之幼辈倚势犯上。先母大度置之。

六月,长女出。

七月,弱妻率第三女出。

八月,寇掠南乡,逼朱门。奉母率眷,冒险由铜井渡江,暂寓全椒界首乡。欲赴晋,未果。

冬,趋凤阳,赁居府西大街。周姑母推食解衣,无微不至。

咸丰五年乙卯,年三十八岁

馆周范亭姑丈宅。

合家病疥。

五月,赴全椒,问周梅溪妹丈疾。

九月,再赴全椒,接孀妹及孤甥来凤。

咸丰六年丙辰,年三十九岁

馆周宅。

夏,大旱,赤地千里,斗米三千。

南营溃退。丹阳、淮北,捻氛甚炽。

八月,仲男作仪生。

咸丰七年丁巳,年四十岁

馆周宅。

粤、捻合围寿州,凤阳震动。

三月,奉母赴盱眙,赁居黄家牌沈姓屋。家用极俭,计九个月仅买肉两次,余可想已。

周氏妹有田在全椒、六合。自妹赴晋后,每岁必到全椒,兼顾六合。去年奇荒。今年端阳赴庄,早晚食麦仁饭,步行屯仓七十里山路,人甚委顿,不敢负委任也。

是岁,观察公卒于潞安。

咸丰八年戊午,年四十一岁

夏,凤阳失守,盱眙危迫。

五月,买舟渡湖,傺居宝应县氾水镇之南赵庄碾屋,凡六年。

仍馆周宅。

咸丰九年己未,年四十二岁

三月,大女于归周宅。

先母积年憔悴,卧病床褥,每云死者归也,精气竭矣,我死毋讽经拜忏,以妄费也。是言也,非了彻于生死之际者不能道。

是岁,江南借试浙闱。

八月,偕周镜涵表侄江阴录科。因先母病笃,月杪遄归。

九月,霖儿续娶赵氏。

十二日,先母见背。身既病疟,氾水镇又有寇警,棺木笨重,附身欠缺,抱恨终天,曷其有极!

十月,奉灵辆暂厝水乡之麦田。身后一切,不敢丝毫累人,致滋罪戾。

咸丰十年庚申,年四十三岁

馆周宅。

是岁,南营又溃,苏、常失守。

九月,赴淮城一行。

村居贫甚。内子率次、三女炊煮外,每两日制鞋一双,属村妇代售佐用。日食杂以豆粥。

咸丰十一年辛酉,年四十四岁

馆周宅。

夏,接友三从弟函,知吉人诸弟皆在镇江防营。

同治元年壬戌,年四十五岁

春,囊笔镇江,就烈字营文案。营扎金山顶,名胜之区,一片瓦砾,塔壳及法海洞仅存。忆乙未获隽诗题"夜深灯火见扬州",今南北烽烟,凄凉满目,惟日夜涛声不绝于耳而已。

闰八月,霖儿亦来镇江,司陈家门弹压局文案。

九月,回南赵庄一行。

是岁,获游焦山,寻三诏洞,登吸江亭,观周鼎、汉炉、诸葛铜鼓。

同治二年癸亥,年四十六岁

二月,由南赵庄移家扬州十四圩,距镇防带水之隔,往来甚便。

先母存日,不准入营,虑蹈危机,遗言在耳。无处谋生,不得不混迹戎幕以养家也。

同治三年甲子,年四十七岁

四月,金山营移扎北崮山,风日融和,江天一览,甘露寺废壁嵌吴琚"天下第一江山"六字。铁塔尚存。临江一亭,尤为绝胜。

六月,金陵克复,镇营凯撤。

八月,就馆泰州。

十月初,返江宁。红土桥新宅拆毁。斗门桥老宅为湖南人所踞,以洋八元赎回。此宅本系祖遗,经吉人从弟公论,始得安居后楼。

月杪,诣十四圩接眷归,一肩行李、两石糙粮而已。

十一月,江南开科。以无赀,未获与试。

四叔母住旗手卫庄上。扫墓之便,亲往视焉。

同治四年乙丑，年四十八岁

开馆老宅，从游极众。

夏，宜春宇宗师科试，霖儿补廪。

城中书院，次第规复，月课膏火，可以添补家用。

冬，赴南赵庄，扶先母灵柩回籍。祖茔在前新塘，山向不利，暂厝圹外。次年卜吉安葬。

同治五年丙寅，年四十九岁

馆老宅。

粤贼踞金陵最久，斗门桥旧屋虽存，破烂不堪，前后整理，不下数十千。如大门之复旧制，后门之留走道，尤为紧要。每年小修在外，均系独任，不求人谅也。

同治六年丁卯，年五十岁

春，游半山寺及孝陵、灵谷等处。

夏，大孙女生。次女于归周宅。

秋，乡试中试。主司刘镌三通政、王玉文编修，房师汪纯甫明府。是科，鲍华潭学政监临，即在下江考棚填亲供册。

溯入学后，科场九次，中间遭乱，十五年未与闱试，五十始衰，幸邀一第，何其难也。

同治七年戊辰，年五十一岁

正月十八日，计偕北上，坐小车至丹阳，孑身搭船驶上海。

二月四日，偕卓耀南、朱佑之坐轮船，于十一日抵天津，十六日到京。住夏伯音通政东华门北池子寓宅。

贡院覆试逾期，二十四日在保和殿覆试。

三月会试。

时僻居内城，暇日与李君方邺纵观宫阙，并偕蒋谒人主政游南海之瀛台、翔鸾宫、宝月楼、春耦斋、敦叙殿、丰泽园，北海之琼华岛、白塔、悦心殿、阅古堂、漪澜堂以及团城。承光殿庭有玉瓮，大容数石，元代遗物也，作亭覆之。外城距寓较远，仅游陶然亭、龙爪槐等处。会馆在南半截胡同，出城常借宿焉。四十年前保安寺街宅，枣树无存，门户略辨。

揭晓。报罢。

时东捻肆扰。四月廿二日偕耀南及濮实君、王仰山、张雨香、王味原坐轮船返上海。浪静风平，海天无际。旋买舟由河路于闰四月中旬抵家。

仍馆老宅。

同治八年己巳，年五十二岁

馆政较简，仍考书院。

正月，次女疾殁颍州。

三月，二孙女生。

秋，滨江水灾。

红土桥破屋犹存数间，四叔母由乡移居之。友三从弟妇张氏孀居无依，亦到斗门桥楼上同住。

同治九年庚午，年五十三岁

夏，三女于归郑氏。

秋，奉善后局委通济门稽查差。

冬，就皖捐局。援例以教谕用，督辕考验后，投效藩署注册。

同治十年辛未，年五十四岁

以年迈惮于跋涉，不复应礼部试。

夏，三孙女生。

同治十一年壬申，年五十五岁

屡年节省馆修，在红土桥厅基盖平屋三间，两厢六间，出赁取租，以为陆续添造之渐。

同治十二年癸酉，年五十六岁

时同乡绅耆吁请先祖中宪公崇祀乡贤祠。奉旨允准，恭送神牌入祠。舆论翕然，佥谓与伍孚尹先生均不愧此盛典。

乡贤公书法逼真赵、董，劫后手泽无存。高淳夏麟台明经有墨迹六幅，举以见赠。墨宝也，敬谨藏之。

九月，大孙诒绂生。

冬，仪儿娶田氏。

同治十三年甲戌，年五十七岁

老宅楼房狭隘，又在红土桥地基添造平房四间，披数厦，以备迁住。

是岁,霖儿分修上、江县志。先世事实,敬谨详载。其遗文别刊入钟、尊合编。

光绪元年乙亥,年五十八岁

春,林锡三宗师岁试。仪儿入学。

夏,移居红土桥。

七月,次媳田氏产亡。

九月,霖儿乡试获隽。我祖、父积累甚深,儿辈始有此幸遇也。

光绪二年丙子,年五十九岁

正月,二孙诒禄生。

秋,城门差奉文裁撤。

九月,仪儿续娶许氏。

冬,就馆新街口马宅,凡三月。

光绪三年丁丑,年六十岁

春,馆本宅。

秋,仪儿补廪。

晋地旱荒。三叔母八旬健在。西望上党,无计可施。虽略为措寄,亦聊尽此心于万一耳。

予生性不欲累人,凡离乱时借贷,无不陆续清还。

季冬,六十初度。薛桑根先生赠联云:"荣世有文章,桂籍相承,绵累叶纪群旧泽;与余同甲子,柏觞满酌,话通家孔李交情。"殊过誉也。

光绪四年戊寅,年六十一岁

仍馆本宅,未考书院。

七月,三孙诒寿生。

八月,檄署宝应教谕。闻新选不日即到,缴委未就。

光绪五年己卯,年六十二岁

老年家居,于他端一无所嗜。后园隙地颇多,年来莳花种竹,辟畦作圃,就土阜作四角亭。旁有土墩,紫金、清凉诸山,大有"排闼送青"之态。夕阳将坠时,登眺尤佳。

光绪六年庚辰,年六十三岁

夏,率家人后湖观荷。

生平处馆近五十年,从游获隽者四十余人,而馆味亦饱尝矣。至是罢遣生徒,一编独抱,课孙自娱。

冬,檄署东台训导。

光绪七年辛巳,年六十四岁

正月十九日,过江。适黄漱兰学院按试扬属,即在泰州接篆。办考毕,始到东台,住西溪书院。

四月初,内子率孙男女二人来学廨。旋于廿四日赴兴化,交印后任邵君,携眷回省。往返三月有余,川资外尚有沾润,援例费堪以取偿。

是岁,《续纂江宁府志》刊行,厕名参阅。霖儿亦与分纂之役。

秋,三女产亡。

冬,四孙女生。

光绪八年壬午,年六十五岁

左文襄履两江任,设清丈、水利等局,访求绅士,关聘襄办。至十年秋撤局。

先世楹书不多,兵燹荡然。二十年来购买经、史、子、集数千卷,尽堪翻阅。惜衰年不能强记,可见勤学以及时为要。

光绪九年癸未,年六十六岁

秋,委摄沛县教谕,以道远缴牌。

孟子云:恻隐、羞恶、辞让、是非之心,人皆有之。自审平生,恻隐、羞恶,尚未全昧。至辞让一节,仰事俯畜,虽非泊焉寡营,而一切分外之财,丝毫不敢苟取。惟是非之见太明,故与物多忤。

先乡贤公创立救生局。乱后兴复,偶或与闻,总期此心上对祖、父,下告儿孙而已。其余各善举,亦复尽心商办,不敢自是,以招愆尤。

冬,四孙诒德生。

光绪十年甲申，年六十七岁

春季，小园改造书屋四间，面对梧竹，左图右史，藉以娱老。

暇与二三老友茶社清谈，散步郊墅，洵足乐也。

是岁，法夷与安南构衅，扰及闽、浙、吴、松戒严。

光绪十一年乙酉，年六十八岁

春，法夷就抚，江海撤防。

仲夏，宗师按临，优、拔两科，半皆英俊，秋风得意。除二三同类外，衮衮诸公，非特不识其人，并且未耳其名。晚年惟好静，万事不关心，其寡陋概可想已。偶阅本科北墨，切响坚光，科第未可幸邀，实非虚语。

光绪十二年丙戌，年六十九岁

善堂非利薮也。近有谬妄之徒，把持侵蚀，言莫予违，亦人莫己。若余退志早萌，其不惮垂勖者，亦愿我子孙倘或与闻诸善举，切勿夜气不存，贻先人羞耳。

十月，镐甫侄自陕回南，改葬伯康兄。卅年不见，人极朴诚，惜生业在陕，未能久住。

光绪十三年丁亥，年七十岁

溯吾家历代，未有年及古稀者。余幸届七旬，饮食起居，无殊畴昔。老妻尤极健旺，家庭聚顺，乐何如之。兹值揽揆之期，瑞雪初霁，车马喧阗，儿孙辈张筵宴客，余重违其意，弗之禁也。

光绪十四年戊子，年七十一岁

年来耳渐重听，步履亦不如昔。此推迁之至理，无足怪者。所幸眠餐无恙，每日仍以看书消遣。

今秋南闱榜发，仪儿幸售。科第集于一门，祖德贻于累叶，感慰何如。

十月，三孙女于归孙氏。

光绪十五年己丑，年七十二岁

道光甲午、乙未，予受业夏姑丈之门，幸有寸进。同治乙丑，幼威表弟以文就正，为日无多。昨仁溥、仁沂两表侄，附从霖儿数载，仁沂入泮食饩，仁溥登今科贤书。回忆姑丈当日，饮食教诲，阅五十余年不敢忘。至是，图报之心得以快然无憾已。

是冬，世父价之公暨世母谈孺人灵柩，自潞回南。老茔乏地，暂厝南城外能仁寺。嫡裔凋零，良可慨也。

光绪十六年庚寅，年七十三岁

凡事皆有定也。癸丑之乱，全眷脱离虎口。满拟赴潞避寇，逡巡未果。天牖其衷，底定后遄归梓里，庐墓无恙。仰承祖荫，科第连绵。今岁会榜，仪儿幸成进士，以知县分发湖南。此中道理，必有阴佑之者。

是年二月，大孙女于归龚氏。

九月,二孙女于归孙氏。

十二月,长孙诒绂娶秦氏。

光绪十七年辛卯,年七十四岁

耳聋腿软,杖策而行。惮于出门,恐致倾跌。

仪儿改发浙江,四月到省。十一月,请假回里省亲。

光绪十八年壬辰,年七十五岁 以下作霖谨补

五月,曾孙贵曾生。

十二月,弃养。

南京稀见文献丛刊

可园备忘录

（清末民初）陈作霖　自述
（民国）陈祖同　记录
　　　　陈诒绂　补编

点校　薛冰

南京出版传媒集团
南京出版社

可園備忘錄

瑞華館藏稿

《可园备忘录》书影

可園備忘錄卷一

江甯陳作霖雨父自述

道光十七年丁酉四月十四日亥刻予生於紅土橋本宅

道光十八年戊戌二歲

冬斷乳隨　祖母食宿多病羸甚

是歲予口尚不能言　母抱至堂前戲指楹聯字告之皆

能默識歷試不爽

道光十九年己亥三歲

始識字

八月三日大妹生

道光二十年庚子四歲

《可园备忘录》书影

《可园备忘录》目录

可园备忘录卷一

道光十七年丁酉

四月十四日亥刻,予生于红土桥本宅。

道光十八年戊戌,二岁

冬断乳,随祖母食宿,多病,羸甚。

是岁,予口尚不能言。母抱至堂前,戏指楹联字告之,皆能默识,历试不爽。

道光十九年己亥,三岁

始识字。

八月三日,大妹生。

道光二十年庚子,四岁

始就傅。随世父伯康先生读。

是岁,《学》《庸》读竟。

道光二十一年辛丑,五岁

随伯祖价之先生读,凡四年。

是岁,《毛诗》读竟。

道光二十二年壬寅，六岁

英夷以禁鸦片烟事扰海疆数年，至是窥长江。六月朔，日食，昼晦见星，人心惶恐。俄闻镇江陷之信，合城迁徙。越数日，轮船驶至草鞋夹[峡]，城门闭。当事贿和，七月议成，夷船遵约退。九月，居民返城者皆病疟，十室而九。

六月，予家避居南乡陈墟桥。

时张子经姑祖寓与比邻，闻予读《易》，来询八卦方位，予历举以对，大喜，摩予顶曰："此秀才种子也。"

七月，买舟还城。

是岁，《周易》读竟。

道光二十三年癸卯，七岁

正月二十二日，二妹生。

是岁，《论语》上读竟，兼诵《尚书》。始学对句。

道光二十四年甲辰，八岁

是岁，《论语》《尚书》皆读竟。

道光二十五年乙巳，九岁

随世父伯康先生读，凡四年。

是岁，《孟子》读三卷，《小戴记》读四卷。始学为文。

道光二十六年丙午，十岁

正月六日，三妹生。

八月，恭逢皇太后七旬万寿，官绅拜牌于内城嵩祝寺。市衢张灯棚庆贺，歌舞三昼夜不绝。予亦随长者往观盛典焉。

是岁，《小戴记》《孟子》皆读竟。始学小律诗。

予性好游，自有知识以来，即事探寻，北而十庙，十庙者，三皇、关帝、蒋帝、卜忠贞壸、刘武肃仁瞻、张祠山渤、曹武惠彬、福忠肃寿、都城隍、五显，皆明初所建，在钦天山之阳。山顶有北极阁，山腰有横秀阁，登眺最宜。迤东为鸡鸣寺，下山即府学牌楼，明国子监实在其地。**南而雨花台、报恩寺**，出聚宝门，循长干里三里许，为雨花台，梁云光禅师说法处也。山巅有碑亭二，清明时，人多于此放风鸢焉。迤东则木末轩，方景海公诸祠皆在其旁。相对者有高座、安隐各寺，泉声潺然，出于其间，以庵名之曰永宁泉。山产石五色，雨后则见，拾归以水浸之，斑斓可爱。报恩寺，梁之长干寺也，宋名天禧寺，张敬夫尝读书于其南轩。明成祖因旧阿育王塔而高之，为级九，琉瓦金顶，映日炳耀，天下第一塔也。前殿常闭，供奉成祖生母碽妃，寺名报恩以此。此后有茶园，累级而下，俗呼锅底廒，制梅豆最佳。**东而秦淮**，自文德桥至东水关，夹岸楼阁参差，珠帘半卷，最胜者为丁字帘前御河房（明武宗南巡观灯船处），繁弦急管，比户皆然。向夕万舟云集，皆易篷筱以锦绮，灯俱以数百盏计，达旦乃止。销金锅不是过也。**西而莫愁湖**，在水西门外，明徐锦衣别业也，今为华严庵。荷花万柄，地宜招凉。郁金堂面湖而筑，中供卢莫愁小像，有王梦楼太史撰联云："欲把湖光比西子；新翻水调唱南朝。"上为胜棋楼，以奉中山王香火焉。

每岁必一蹑屐，故至今犹能记忆。惜局于城厢，未遑远及耳。

道光二十七年丁未，十一岁

是岁，始读《春秋左氏传》。

道光二十八年戊申，十二岁

春游陶谷，在城西北，贞白先生故居也。浙绍张氏筑为园亭，景极静僻。**伍园**，在中正街，实生中丞宅，中水木极明瑟。明顾东桥先生故居也，门左有尚书坊。**滕园**，在边营，金氏宅中，花以罂粟胜。**武园**。地为回民别业，在雨花冈上，宽止半亩，牡丹极盛。

夏游东花园一带。石观音院，古鹿苑寺也，踞赤石矶旁。有周孝侯台，地极高敞。其他回光、鹫峰诸寺，皆与为邻。又有苑老桥，明徐锦衣守园户也，因以其姓名桥焉。

秋大水。予家水浸及听事。

是岁，《左氏传》读竟。

予幼时喜看小说，十岁前即阅《东周列国演义》，至是如经熟路，并涉及《吴越春秋》《战国策》诸书。

道光二十九年己酉，十三岁

始随家君读书，馆斗门桥严宅，与严舜芝隽鸿交最善。

五月，淫雨兼旬，江水陡涨，较去秋尤甚。低洼处仅露屋脊，街衢皆行舟。予家前后屋俱在水中，乃楼居。祖母归外家李氏小住，携予同往，时铁作坊独地高无水也。

八月，水始退尽。

九月，疫，病疟者多。米贵至五十文一升，民大饥。

秋晴，游古林庵。庵在虎踞关北，由竹径曲折而入，境极幽秀。中有殿，累土为壁，上植秋海棠，花时若猩色屏风。又一厅临旷野，环以古树，白鹭朝夕往来，栖宿其间，俗呼鹭鸶厅。**过隐仙庵**，有老桂及六朝梅，住持道士王朴山，善鼓琴。**归途登盋山**。即四松庵也。山巅有余霞阁，吴达夫先生集古文为楹联云："衔远山,吞长江,到西南诸峰,林壑尤美;送夕阳,迎素月,当春夏之交,草木际天。"道光中,安化陶文毅总督江南,建印心石屋于山麓,植梅数百本,最为城西胜境。

是岁,《尔雅》《周礼》《仪礼》皆读竟。始阅《资治通鉴》。

道光三十年庚戌,十四岁

广西金田贼起。

夏季质表叔、周梅溪姑丈与家君为深交,每有文宴,必携予往。

春游缘园,在皇甫巷,邢氏别业也,水清石瘦,饶有山林气。过永庆寺,在虎贲仓北,有梁永庆公主白塔,又名白塔寺。旁有宴客处,拾级而下,因地为楼,牡丹最胜,人呼地楼。北入随园,在北门桥西,结构极巧,山水环抱,花竹清妍。前为袁简斋先生祠堂,垅墓即在其后。袁氏子孙世守之。小憩妙相庵。在薛家巷中,祀屈灵均,又名屈子祠。药圃荷池,点缀佳胜。

七月杪,观清凉山地藏赛会,独寻至江光一线阁,在财神殿后,人迹罕到。明耿天台崇正书院址也。晚登山巅翠微亭,看落照,遂循仄径而下,至清凉寺。寺本南唐避暑离宫也,有保大年井栏,字尚可识。

是岁,初应童子试,未售。读《公羊》《谷梁传》及《文选》诸书。

咸丰元年辛亥,十五岁

粤逆出扰浔、梧一带,窃据城池,势益炽。

七月,青墨卿学政按临江宁,予以年幼,提堂面试,补县学生员第八名。首场题"夫子之不可及也"二句,又"不如曾子之守约也",

"心闲手敏"得"闲"字。覆试题"无为小人儒","初九,拔茅茹以其汇,征吉","唯有新秋一味凉"得"新"字。

八月,乡试,祖母怜予年幼,不令赴。

秋,游高座寺,寺在雨花冈,高座道人说法处也。两廊塑五百阿罗汉。中有娑罗树最古,老桂二株,大可合抱,花时游人坌集,烹永宁泉水,剥南乡新栗,虽卖菜佣亦有六朝烟水气也。正觉寺。在三条营东,旧为水月庵。嘉庆中,僧镜澄以擒教匪方荣升功,奉敕改建,地极宏敞。

九月,会青案同门生二百余人于飞霞阁。俗谓之宗师会。阁在冶山东隅,能揽全城之胜。记有联云:"四面云山齐绕郭;万家烟树不遮楼。"写景逼肖。山右有西山道院。汤雨生都督筑冶山第一楼,亦便登览,然不及飞霞多矣。

自是岁以后,读书每肆涉猎,不能专心,以致老无成就,悔无及已。

咸丰二年壬子,十六岁

二月,入钟山书院肄业。谒山长唐镜海先生于易驾桥寓宅,先生勖以治经。

三月,出太平门拜墓,过徐中山坟。墓碑当道而立,松柏苍然,翁仲、石马皆无恙。及蒋侯庙。侯在六朝时最灵异,今则庙貌虽崇,而报赛皆乡人矣。

夏,游乌龙潭观荷。潭在石城门根,相传为颜鲁公放生池,上有鲁公祠。

秋,随叔祖寄芸公访大佛寺僧月潭。寺在鹰扬营,以佛金身长丈六,故名。月潭,诗僧也,其精舍中有桂树,其大蔽庭,时方花开,如入众香国里。

八月，乡试，仍未赴。

九月，送周樾阶表叔至龙江关，就游天后宫、静海寺。寺为明中官郑和自海外归建，天后亦海中福主，并祀之，所以报也。寺颇宽敞。次年，粤贼凭之以开地道，即其处也。

是年，粤贼出广西，走湖南，蹰湖北，警报迭至。诏遣总督陆建瀛上游迎剿。冬，出师，建三军司命大纛，寥寥千余人耳。

咸丰三年癸丑，十七岁

正月十九日，陆总督自武穴败归，合城汹惧。然鉴于壬寅英夷之役，无迁者。

二十八日，贼前锋至，城门堵闭。自是举家遂在围城中。

二十九日，元配席氏来归，草草成礼。

二月初十日，江宁城陷。

是日黎明，炮石如雨。忽大声起于西北，屋瓦皆鸣。俄有奔告者曰："仪凤门地雷发，贼已登城矣！"方惊惧间，又有以贼皆杀退、城复修完报者，又有以旗兵拒守内城报者，又有以乡勇请功满路报者，言人人殊。至巳刻，见有兵抛弃号褂，始急闭户入。先是，城未破时，将后层房屋数间隐起，垩其门，用小梯自旁楼上下，所以备不虞也。然亦掩耳盗铃计。至是，不得已，群匿其中，尚闻炮声鼎沸，盖贼攻内城也。连月天气惨凄，冷风苦雨，时忽晴爽异常，莫不叹诧。

十一日，五更，炮声忽寂。众不知内城攻破，妄疑贼或退去也。午后，闻鸣锣传令声，无敢出探者。薄暮，从后楼雪洞中见朝天宫被焚。

十二日，邻人升屋告曰："贼撞门不开，将火是屋矣。"乃遣仆暗启外户。甫归复室，即闻贼众杂沓声、叱逐鸡犬声、倾筐倒箧声，众心惴惴，使破壁而入，则无噍类矣。险哉！

薄暮，火光四起，皆绅民之自焚者。

十三日，四叔祖升梯问西邻邵氏，备得贼掳掠状，众更骇惧。向晚火光又起，皆距予宅不远。家人俱更衣列坐祖堂中，拟延烧至，则不避而就死。俄闻贼驱众救火，火遂灭。此身因为劫外人矣。

十四日，合宅欲自焚。家君以祖母年高，不忍罹此惨劫，奉之自后门出，暂居邻楼。而令予随叔贤叔怀祖先木主，踰墙以避至邵氏邻。晚饭始见黄帽贼一人。俄而家君至，挈予归复室，盖议论未定，不能举火耳。三更时有旧仆自外来，云贼但掳掠而不奸淫，见女馆则不敢入。于是觅死之念遂息。

十五日，李鹤年舅祖来探，知贼掳掠已定，遂皆出复室。午后有贼四人至，见有女眷即去。俄又一贼官至，索纸写"女馆"贴门首，而令男子出居前邻马氏宅，为男馆。予则仍匿复室中也因贼掠幼童。予身羸弱，恐为所掳耳。

十六日，席赓飓外舅来探，予出见之。据云渠炭铺已为贼据，改为铅码衙贼铸炮子之所。渠为司书记，略识贼情，谓男馆不可居，将来不免充兵，欲挈予至其馆。予不肯，乃止。是日闻严舜芝合家遇害，为之泣数行下。

十七日，予在复室，极无聊赖，偶阅《圣武记》数页，见开国时人才踵出，今独无一人能扫群丑者。于是废书而叹。

十八日，薄暮，蔡氏姑母因渠邻宅为贼据，甚恐，乃归来小住。是日闻内城破时，屠及婴孩，呜呼，惨矣！

十九日，在复室阅《圣武记》，未终而倦，乃出居前宅，紧闭外户，俟有贼叩门，然后入复室，未为晚也。

二十日，出居前宅。午后忽传，女馆必移至太平街，有女贼管辖，运米挑砖，差徭甚众，不能随意散处。并闻贼令金银皆送彼处，谓之进贡。如有私匿至一两以上者斩。合家惶急。

二十一日，闻女馆可以散处，众心稍宽。予复阅《圣武记》。众以书迁相笑，实舍此无可消遣耳。

二十二日，从后户出，探家君等于邻屋，阅《李笠翁集》半卷乃归。

二十三日，复至邻屋。比归，猝遇二贼，乃避入后门邻楼。贼随入，予大惧，乘其搜括金银，遂逸回。自是不敢出门矣。

二十四日，居前宅，阅《圣武记》。

二十五日，予在前宅，闻叩户声，急入复室。及启户，乃夏幼威表叔被胁挑土，逃至相依者。

二十六日，与夏表叔谈贼暴虐状，令人发指。惟不敢擅杀人耳。

二十七日，清明。予戏改杜牧之诗嘲幼威表叔云："清明时节晴爽爽，路上行人吓破胆。挑土军人何处逃？遥指城南姊妹馆。"相与大笑。

二十八日，贼中喧传官兵围城，每日角声呜呜。

二十九日，有贼破门而入，来搜逃人。予乃又入复室。

三月初一日,城中传言官兵刻日破城,众颇有来苏之望。

初二日,周梅溪姑丈来。

初三日,贼因官兵渐逼,驱男馆中人为兵。于是家君等又入复室。

初四、初五、初六三日,皆侍家君等在复室中,无事吟诗一律,有"闭门自守汉家腊,举足不离燕市楼"之句。

初七日,吉人从叔因家中改女馆,无处潜身,来复室暂避。

初八、初九、初十三日,予与吉人、叔贤两叔,爇铜炉,烹雨水,以供诸长者茗饮,几忘其为贼中也。

十一日,闻贼有查私馆之说。私馆者,女馆之未入贼籍者也。众大惧,然亦无如何,静以俟命而已。自城陷至今已匝月矣。城中之人,死于锋镝者十之三,胁归卒伍者十之五,供其役使者十之七。而予家外为女馆,内有复室,老稚容数十口,衣食支三两月,贼虽纷至沓来,均未窥破,几以此间为桃源,惟望贼早退去,庶可复睹天日也。而岂料无妄之灾,即在目前耶?

十二日,予方在复室煮茗,忽闻邻家有贼恫喝声,知为搜私馆者。众方不知所为,而贼已破外户,将入矣。于是在复室者悉出,启后户急遁,则沿街坐者,皆被逐之男女也。俄而予家亦被逐出,前后门被封,茫无所之。幸遇席氏外姑将入城北女馆,祖母等不得已随之去。家君乃率予至红纸廊族祖家暂住。

十三日,早起,家君将率予投席外舅处,即有数贼来搜。予匿壁橱中,贼幸未见,而屋中人已逐尽,将封门矣,乃惶遽而出,甫及门,即有贼来牵予去。予急而号,家君以身障予,相持良久。贼怒,飞一刀来。予颠仆,头虽被伤,初不甚痛,但觉忽如水凉,忽如汤沸,抚摩之,血淬淬下,衣襟皆湿。回顾家君,则背亦中刃而仆。贼已轰然而散。家君急起,率予行至外舅处。外舅适他出,伪铅码衙中人见予血痕狼藉,不敢纳。有小贼指为妖,欲来砍予。一湖北贼呵止之,促予急去。于是择僻路蛇行,遇苍头严二,知四叔祖在前门邻屋中,趋诣之,坐未定,忽闻贼声,复至僻处避匿。如此数次,幸席外舅寻踪至,乃随入伪衙。湖北贼出金创良药,敷患处,心始稍定。

十四日,予奉家君在伪衙养伤。家母及席氏妇来视。

十五日,始见贼书,有《三字经》《幼学诗》《天条十款》,大略言天地系天父皇上帝六日造成,天兄耶稣以救世受十字架刑,人当崇信其说,不可为红眼蛇精、阎罗妖所惑。阅未终篇,不禁失笑。

十六日,逢贼中礼拜期,众皆夜起,中设一案,油灯二,菜数品,列坐诵《赞美经》,声若梵音,诵毕即食。黎明,伪衙人皆出城充役。

十七日,伪总制传令,衙中不得容留外人。时贼中买卖衙方立,杂行有机匠、菜园各目。外舅与家君议,乘此出图一容身之地,而留予暂匿伪衙。

十八日,家君别去。予在伪衙,匿密室中。

十九日,锦泉内弟亦来伪衙,以在女馆中,惧被掳胁也。

二十日,清晨忽闻锣声,一人口唱“东王有令”云云,盖贼中有所指挥也。

二十一日,伪馆中出城充役人回,云江上有夷船停泊。

二十二日,充役人回,云英夷因贼据城,阻其商务,来与理说,今日入城议事,贼酋甚惧。

二十三日,家君至,云已匿迹门西机匠处尔,事尚未定,须稍待。并闻祖母等复潜归家中。

二十四日,闻夷船得贿退去。

二十五、二十六两日,在伪衙看《随园诗话》数卷。

二十七日,家君至,知机匠事已成,在李外祖处,一二日即来携予。并闻家中又被逐,祖母等至铁作坊外祖家。

二十八、二十九两日,在伪衙闷坐,望李外祖不至。

三十日,薄暮,外祖至。予即与外舅别,至铁作坊王宅机匠馆中居住。

四月初一日,祖母及外祖母来视予。

初二日,闻角声呜呜,至午而罢,知为开仗,而默祝官兵之胜也。午后,祖母等被驱至门西打馆。

初三日,机匠须间日派差,是日轮予。予不能,外祖觅人代役。

初五日,闻祖母等移至行口居住。

初六、初七、初八、初九四日,在机匠馆阅《来生福》小说消遣。

初十日,有城外卖菜人来。外祖买蚕豆、鲜笋、猪肉共食。荤腥久断,不啻龙脂凤髓之珍矣。

十一日,卖菜人来云,可间道出城。于是外祖始有行意。

十二日,有贼来,欲住机匠馆宅。乃随外祖移至四圣堂。

十三日，见贼多带伤入城者。盖自六合败归，相传为神火所焚也。

十四日，卖菜人来，与外祖订行期。

十五日，外祖欲携予出走，至女馆告祖母。祖母不许。

十六日，外祖随卖菜人出城。予独居馆中，不能无恐。

十七日，馆中派予充役。予大惧，黎明即出，欲至家君处，而不识路，乃避至油市三外祖处。三外祖携予至女馆门首，是时馆中人已向女馆来觅予，家中不知予所往，大惊，家母率席氏妇至外舅处寻予不得，归遇于途。适家君至，欲移予至油市机馆，而旧馆不肯，乃以钱雇役，予仍还旧馆。

十八日，自四圣堂移归旧处，以前贼未来打馆也。

十九日，同馆中有丁某，自城外贼营逃回，据云贼初扎营，尚不甚整，及官兵渐近，日必巡哨，夜有口号，军令颇肃，恐城一时不能破也。

二十日，家君来视予。

二十一日，差派又及，仍雇人代充。雇赀每次必一洋圆也。

二十二日，有贼又欲来打馆。馆中人漫应之而未徙。

二十三日，闻家中复室破，藏物皆为贼有。

二十四日，家君来视予。闻祖母等迁至油市女馆。

二十五日，清晨，贼忽至，怒馆中人不徙，持刀驱逐，乃至邻屋沈氏居焉。

二十六日，与沈茂才儒珍论文，迂腐可哂也。

二十七至三十日，家君逐日来视予。

五月初一日,馆中又派予充役,觅人代往。

初二日,家君来视予,窃计差徭太重,力不能堪,馆中人复防予他往,乃私作逃计。

初三日,城外人来云,向营有午日破城之说。

初四日,薄暮,家君来宿。

初五日,早,角声大作,较往日尤紧。家君在予馆未去,窃望城之真破也。至午后,角声又寂然矣。薄暮,家君行。

初六日,家君又来。因连日消息稍紧,予独居心怯也。

初七日,有贼欲来沈宅打馆,乃移居四圣堂。

初八日,家君来视予。

初九日,家君来宿,将乘机私逸也。

初十日,黎明,乘众人未起,襆被急行,至油市蔡宅寄居。时蔡宅亦为机房,三外祖等咸在。予至此不入名籍中,日买米以炊,差役不及焉。

十一日,旧馆中人寻踪至,促予回。予不肯。适夏幼威表叔自城外贼营逃回,无所归,乃代予赴旧馆。是日,予始学炊煮。

十二日,周梅溪姑丈避差,亦来蔡宅旁居住。

十三日,四叔祖来蔡宅,时匿迹菜园中。自在邻屋一别,两月矣。

十四日,予往女馆省视。时均在油市,相距甚近也。

十五日,随家君至安品街沈姓买米。沈,舆夫也。时米百文一升,私卖者有禁。沈以旧役代购,可感也。路过旧宅,见门尚封锁,为之怅然。

十六日，夏季质表叔来馆。阅其《萍生诗集》，中有骂贼语。此他日受祸之由也。

十七日，贼科派机匠当兵。予未入名籍中，不以为意。

十八日，苍头张衡来梅溪姑丈处住。

十九日，闻幼威丈被胁充兵，自予旧馆中出也。予心为不安者久之。未几，从城外跳[逃]免。

二十日，张衡为梅溪姑丈觅得小说数种，予偷闲往看。

二十一日至二十四日，皆在梅溪姑丈处看《好逑传》《玉娇梨》《平山冷燕》等书。

二十五日，米炊完，无处购买，乃向外舅索得斗余。

二十六日，家君来视予。

二十七、二十八两日，皆在梅溪姑丈处闲谈。

二十九日，随家君往女馆省视。

六月初一日，闻贼又派机匠为兵。

初二日，早，贼忽破门入捉人。予急从后户逸出。馆中被捉者四人。

初三日，贼沿街捉机匠充兵，人不敢出。

初四日，贼捉机匠益急，而家君连日未至，心甚焦灼。

初五日，家君至，言机匠今不可恃，须别图良法以庇身。

初六日，在梅溪姑丈处聚谈，姑丈有出亡之意。

初七日，姑丈与张衡皆决意出城。

初八日，家君来，知姑丈等欲出走，禀知祖母，将予托其携出。予思同陷城中，终非了局，不如先出，图一善地，以为城中外援也，乃定计明日出行。

以上在贼中时记,凡百二十日,皆身所亲历之境,故言之较详,当不嫌其琐屑也。

初九日,予随梅溪姑丈至女馆为别,祖母以次均出相视,默默不能作一语,但致声保重,即促速行。家君送至南门而回。时各城皆砌城瓮门,仅容一人出入。予挤出,有贼扬鞭问何往,张衡答云砍竹,于是验照放行。至驯象门,见有交易者,皆薙发人,贼呼为外小。俄而折入圩心,渐不见贼。至所圩人家,薙发人给一元,遂由西善桥转铁心桥,到张衡所识人家宿。阻雨三日。至十二日,从谷里村望牛首山,塔殿峥嵘,松柏苍蔚,无暇游陟也。向夕,抵官山庙甘氏祠堂,见甘晓峰丈。

十三日,至朱门镇,甘耆壬丈留住,缘梅溪丈为甘姻,甘亦与予家世好也。是时陈子瑨旸、翁峻之模墉两先生皆居客舍,与朱子期绍颐等,感时伤乱,间作诗歌。予亦与唱和焉。

自金陵城陷十日后,向忠武军即至,连破城外七桥瓮各贼营,进驻孝陵卫,屏蔽四乡。自是由贼中拔出者甚多,皆从上新河、西善桥一带,沿途每遇游勇搜括,遗民苦之。

七月,与朱子期避疟后阳寺。寺离朱门镇七里,唐刹也。

八月,叔贤叔及家君先后自城中出,始闻七月杪席氏妇病没,感悼久之。

九月,侍家君及叔贤叔赴宁国。十四日,徒行至小丹阳。十五日,夜渡石臼湖,月色极皎,泊雁齿斗门。十六日,泊水阳。十七日,抵宣城伍莘农大令庆祥馆之衙中。

十八日,游太白楼。楼在城中街衢四达处,拾级而上,高出城闉,面对敬亭山,双桥两水,皆在目前。

十九日,与同乡罗伯陶镕同游谢公北楼。楼在宁国府廨中,又名叠嶂,谢元晖为内史时所筑,太白最喜登之。桔柚梧桐,秋色如故,真所谓江城画里也。

二十日,闻黄池贼警,将避至小农世兄处。

二十一日,宿冈头,一路秋林黄赤,颇足娱目。

二十二日,抵宁国县寓所,哈聘之丈在伍处教读,家君旧好也,暇辄聚谈。

十月游北寺,寺在县西,唐刹也。谒宛陵侯祠,吴诸葛子瑜祠也,有同里汪明经汝式碑记。雨后西津渡观瀑。

十一月,侍家君及叔贤叔返江宁。

二十八日,由河洑溪乘舟至宣城。

二十九日,易船。

三十日,过水阳,时芜湖贼警,途遇米船联翩上,疑为贼舰,登岸避之。

十二月初一日,泊石臼湖。

初二日,至小丹阳。

初三日,抵朱门。

十四日,祖母与周姑母同出城。中途相失,姑母先至,家君惊往迎觅,至晚始抵寓所。

咸丰四年甲寅,十八岁

正月,开乡塾,聚七八村童教之。

月杪,二妹随伯祖母自城中出。

四月,随家君至秣陵关见李外祖,旋由王墅过方山,抵淳化镇，谒宋学师，次日回。自陶吴以东，皆未遭贼。鸡犬桑麻，犹是承平风景，而孰知为燕雀处堂焉。

六月，大妹随晴川叔母自城中出。是时，贼纵兵掠四乡，官兵不能兼顾。

七月，朱门告警。祖母等暂避夏村，俄移和山崦，皆距镇三里许也。

贼以城中粮少，令妇女出城刈稻，其实纵之走也。由是扶老携幼，皆得脱难矣。

八月，家母携三妹至乡。是时城中人尽出，南乡不能久居，将适溧水，忽有和州车至，乃改计往全椒。

初八日，乘车北行，贼方沿江出没，予众前行不顾，人皆讶之。二十里将至铜井，闻有贼在镇午餐，土人云街后可行，不得已，疾趋而过，幸未遇贼。遂渡江至驻马河，宿乌江。闻贼陷和州，计明日必到。

初九日，黎明启行，晚抵全椒南门，小憩三日。

十一日，至梅溪姑丈田屋卜居，距庄里许，地名张傅村。居两月余，周范亭姑祖招往凤阳。

十月二十四日，由全椒起身，是夕宿滁州南关。

二十五日，过关山，南唐之清流关也，高峰插天，绝顶设瓮城，门极窄，车骑不能并行，洵天险已。晚宿大柳驿，赵韩王普故居也。

二十六日，过朱龙桥，宿红心驿。

二十七日，抵凤阳，卜居府西街。

暇，游龙兴寺，登第一山。明之皇觉寺也，藏有太祖画像。殿宇已遭贼毁,大铜佛露处。有铜缸十,铸局欲镕化为钱而不果。方丈新葺数椽,颇饶花竹。山在寺后,半道有紫竹林观音院,绝顶御碑,系太祖所书"第一山"三字,作亭覆之。

咸丰五年乙卯,十九岁

蒙、亳捻贼起。

就潘宅教读。江浦金子鸣步銮、张畏知永清、同里焦稚泉光俊诸君,皆客凤阳,过从甚密。

寻凤阳县城,距府城里许,明之中都城也,规制宏壮,渐就崩圮。游明祖陵。陵在府城外十里而近,远望若堕釜底,陟其巅则群山环拱,翁仲石兽皆无恙。有碑二,明太祖御制文,叙其少日艰难,质而不俚。其一已仆,一尚完好。

是冬,合家病疥。

可园备忘录卷二

咸丰六年丙辰，二十岁

在周姑祖宅课读。

游圆觉寺。寺在凤阳北门外，明时大刹，今惟破屋数椽而已。

夏，大旱，赤地千里，米贵至百文一升，道殣相望。

五月，江南向营溃退守丹阳。家乡亲友多流离失所。

六安捻贼纠饥民出掠，沿淮不靖。

八月二十一日，凤生弟生。

十一月，十五夕，周姑祖邀集同人赏月宴饮，以同里钱朴之寿昌诗为最佳。诗云："君不见一轮明月从东来，中有仙人持玉杯。手捻梅花语诸子，今宵为我开金垒。一年三百六十日，此日此乐能几回。濂溪先生本谪仙，欣然含笑开华筵。此筵不许俗人到，座中罗列皆群贤。此酒不入俗人口，酒一斗兮诗百首。君家元季才弱冠（周镜涵浦云），示我新篇光灿烂。仲舒先生（董集亭）人中豪，兴酣耳热呼声高。卓哉乔梓谁与伦（陈君父子），更有西窗下榻人。其余延陵门第（吴允中）金（子鸣）张（畏知）偶，亦是吾乡老吟叟。一杯复一杯，沉沉玉山隤。众仙未去我先去，一窗明月无人陪。醒来醉眼如盘珠，开门望月光模糊。主人催诗如催租，小楼一夜思踟蹰。吁嗟乎，诗债年年处处有，君家醇醪异凡酒。何如一月一当头，使我金尊常在手。而况天涯莽莽烟尘多，吾侪相聚且啸歌，不知明年今夕又如何。"

咸丰七年丁巳，二十一岁

二月，粤捻合围寿州，凤阳大震。

二十七日，合家将泛淮东下，泊舟临淮守风，十日连雨雪。

三月初六日，始解缆。

初七日，泊五河，阻风二日。

初十日，泊双沟，阻风三日。十四日，泊宝积山。

十五日，至盱眙，卜居黄家牌，始识沈筠生国翰，房主人也。

寓宅既定，遍游盱山诸名境，盱眙以山为县，面洪泽湖，随山高下，皆为民居，不出户庭，而湖山风景在咫尺间，游览之胜区也。最胜者为台子山栖云庵，山在县南三里，入修竹林中，始得庵门，中有平远阁，凭栏而望，群峰皆在窗外，循廊上为来紫楼，高矗宵汉，令人作出世之想，其侧有玉皇阁，亦极幽邃，俗呼天台山，玻璃泉，在县南洪泽湖滨，水极甘洌，上有清心亭，即书院之讲堂。山之巅为会景亭，米元章所书"第一山"碑在焉，碑阴刊米老盱山十景诗。登亭四望，则风帆沙鸟，万顷茫然，图画所不能到也。汪氏水南园。门外竹树，曲折一径，颇似随园。其中林壑亦小有点缀，泉声潺潺，最饶幽趣。汪孟棠太守之所筑也。

夏秋之交，常与焦、金、张诸丈避暑玩月于洪泽湖堤，至三更乃归。

八月正阳，贼退。周姑祖返凤阳，予与同行合家仍留盱眙。

十月，二十二日，发盱眙。

二十三日，舟浅湖中，一宿始行。

二十四日，泊双沟。

二十五日,顺风抵临淮。

二十六日,返凤阳。

十一月十五日,周姑祖复招同人赏月宴饮。金子鸣丈诗云:"好倾冬酿鹅儿酒,怕忆春寒鹤唳声。"又有寄家君盱山云:"两地有山皆第一,各从高处望停云。"皆确切。

咸丰八年戊午,二十二岁

春,捻贼由六安出,犯寿州,粤贼渡江寇滁州,南北交警。四月,捻贼至临淮,官兵退守南岸,凤阳大震。

初八日,凤阳将闭城。予随周宅眷属仓卒行,夜宿大通桥。

初九日,过临淮南岸,见流民兵勇,沿路来往,颇有戒心。傍晚至东乡小溪河暂息。

十日,行。

十九日,宿明光集。明太祖所生地也,以生时有火光,故名。

二十日,宿涧溪。

二十一日,抵盱眙,家中已久盼矣。

五月五日,与焦芝圃游都天庙,地极幽僻。薄暮下山,即闻寇陷凤阳之信,盱眙又不能安居矣。

初八日,全家渡洪泽湖。

初九日,过龟山。山在湖中,上有大寺,神禹锁巫支祁处也。是晚泊蒋坝,换舟,停五日乃行。

十五日,泊黎城镇,守风三日。

十九日,泊宝应北闸。

二十日，至氾水镇。

二十一日，泛小舟至南赵庄，僦碾屋数间，极湫隘，姑定居焉。赵庄地未遭贼扰，一水护田，众树围屋，夏景尤宜。始识句容尚仰止兆山，时训蒙于桥北。

八月，彗星见，其长竟天，每夜于声上观之。

是岁，李世忠就抚胜营，于滁州受之。江南和营进扎孝陵卫，掘长壕以困贼。

咸丰九年己未，二十三岁

在叶春帆理问宅教读，凡三年。

游潼口寺，在南赵庄西三里许，唐刹也。

三月，大妹于归周氏范亭丈次孙，名国栋，候选县丞。

是科江南借浙闱举行乡试。予以祖母病，不赴。

九月十一日，续娶赵氏。

十二日，祖母李太宜人疾终于乡寓。

咸丰十年庚申，二十四岁

春，捻贼袭陷清江浦，宝应大震。三月，江南和营溃，粤贼扰及苏、浙，惟镇江未失。夏，降盗薛小骅饷，掠高邮，败去。秋，大雨。乔家闸运堤几决，距氾水镇只里许也。

是岁，贫甚。日食杂以豆粥。

咸丰十一年辛酉，二十五岁

六月，生男，名安平。

来安詹小亭来乡课徒,与缔交甚密。

同治元年壬戌,二十六岁

春,山东捻贼东下,吴漕督御之清淮,会僧王大军追至,贼遂东窜阜宁,宝应大震。粤贼攻镇江,海都统阵亡。贼旋退去。

二月,家君从军镇江。

七月,周范亭姑祖病终。代家君以联挽之,云:"双诰晋封崇,创业垂基,撒手已无遗憾;一家相累久,赠钱分米,拊心常念旧恩。"又寿叶某八十妻年七十联云:"八千为春,永锡难老;十年以长,相待如宾。"

闰八月,应镇江弹压局记室之聘。

十八日,发氾水。

十九日,舟行过露筋祠,古木红墙,颇饶画景。

二十日,过扬州,旗影箫声,见闻顿异。是晚宿瓜洲。

二十一日,谒家君于金山。金山本在江中,沙淤日甚,今可不舟而至。时烈字营屯其上,牧马成群,无殿阁迹矣。唯一塔及法海洞仅存。

二十二日,谒吉人叔于甘露寺营。寺在北固山顶,殿廊尽圮。李赞皇所铸铁塔尚存。壁嵌宋吴琚书"天下第一江山"六大字。临江一亭,为登览胜处,有陈沧洲太守联云:"此身不觉出飞鸟;有手真堪钓海鳌。"是日,至东码头胡游戎防汛处。

九月,游焦山,山在东马头对岸,由象山渡泛舟往山麓,有东升楼,可望日出。主寺曰定慧,入门缘大雄宝殿迤东为方丈廊,嵌《瘗鹤铭》。僧芥航导观周南仲鼎、汉澄泥炉、诸葛铜鼓。小憩,出入胜坊,有"海不扬波"四大字,亭覆之,旧山门也。因取道上山,经雷轰石,再上则三诏洞,焦隐君小像在焉。绝顶即吸江亭,有四面佛像。山阴别起一峰,丛树环之,为别峰庵,境逾幽寂。遂转樱桃湾下山,泝流而归。**寻蒜山,望之与蒜逼肖。转至银台山。**俗呼银山,与金山对。山腹就石琢观音像,外接以屋面。大江阴森之气,可以辟暑。闻安平男殇。

十一月,冬至日,大雪,宿金山。次日冒雪至北固山,访周浦云妹丈。

是冬镇江饥疫。

同治二年癸亥,二十七岁

正月,将返汜水。

十四日,大风渡江,是日宿邵伯埭,晋谢太傅所筑也,观临河铁牛。

十五日,舟行至高邮。

十六日,大风,舟不能进,徒步由界首九十里抵乡寓小住。

二月初回营。

四月,家君归,移家沙头圩,与镇江只隔一水,来往极便。

住东马头年余,与镇江名流来往颇洽。九月,饮张菊馨廷燮山庄,周子如伯义赠诗,甚相推重。诗云:"舜后胡公满,武王封之陈。或以谥以邑,两姓从此分。贤哉胡将军,吾乡被其仁。倚如左右手,君乃入幕宾。迢迢千载前,原为骨肉亲。君自读书来,志在君与民。遭逢时局变,投笔期远名。剑佩忽游侠,歌颂仍诸生。有时作露布,能为倚马文。我凤习姓字,一见钦风神。相聚只朝夕,相思劳梦魂。作诗聊代书,托之鸿雁群。南望江茫茫,焦岩深白云。"

十月，夏幼威表叔来，同游焦山。

除夕，同乡寓度岁。

是岁，曾军攻金陵，已合围。李军连克苏、常诸郡。

同治三年甲子，二十八岁

正月十一日，渡江至营。

二月访周浦云于西门外营，忽传贼自汤冈来犯，距营三里。众军排队出，营门闭。乃与浦云登炮台观战，见前山贼旗纷乱，枪声如雷，我军鼓勇登山，众欢呼曰："胜矣！"薄暮诸军始整队归。

四月，李军克复丹阳，檄镇营兵戍之。

五月，东马头弹压局撤。予复应凯胜营邓参戎之聘。二十一日，由丹徒泛舟而行，晚至丹阳，入城，住民房。

六月十六日，曾军攻克金陵。镇江防营次第遣撤。

七月，家君返沙头乡寓。予自丹阳乘马返镇江，至马陵遇雨，马奔几坠，可危也。

八月，渡江回乡寓。旋应叶虚谷明府厘局之聘。

十七日，自十四圩启行，过仙女庙。

十八日，过宜陵，寻夏幼威丈，谒姑祖母于焦庄。

十九日，至泰州，住二日。游岳王墩，岳忠武屯兵处也，俗呼泰山，地高而敞，登之则全城在目。庙祀忠武，旁列岳部诸将，须眉英爽，盖橅西湖所塑者。山下有临湖禅院，地亦幽秀。松林庵，古松盘屈夭矫，阴覆一院，而高不出檐，奇品也。尤氏园。园有疏野之致，惜芜秽不修。

二十一日,至姜堰厘局,寓东岳庙中。

十月,回里乡试。

十三日,发姜堰。

十四日,至泰州。

十五日,至宜陵。

十六日,至仙女庙。

十七日,至沙头十四圩,时家人将由水道回里。予以试期迫,二十一日徒行至三汉河。

二十二日,至泗源沟。

二十三日,由大河口渡江,宿龙潭。

二十四日,早与学院承差争车,巳刻始行。一路荒营废垒,满目凄凉。傍晚入朝阳门,寓铁作坊李舅氏宅。

二十八日,考录科。是日家人亦至,住斗门桥老宅后楼。

十一月,入场考试,大雪奇冷。试毕买舟渡江,拥挤三日不得出。

二十日,换船行。

月抄,至姜堰厘局。

十二月,得报罢信。客中度岁,岑寂殊甚。

同治四年乙丑,二十九岁

二月,自姜堰归里,至江口,登燕子矶,寻永济寺。寺仅破屋数椽,惟吴道子画观音像及"觉岸"二字尚存。始肄业钟山书院。以《鸡窠中小儿赋》(时惜阴书院未设,钟山小课有赋)见赏于临川李小湖师(联琇),拔置第二。

五月,生男,名永龄。

宜春宇学使按临岁试,取一等十二名,古学题《忠孝状元赋》,覆试《懒残煨芋赋》,正取五名。正场题"非公事,未尝至于偃之室也","树杪百重泉"得"山"字。科试取一等四名,得食廪饩。题为"见其二子焉"至"不可废也"。"补屋惟防雨湿书"得"书"字。重游雨花山、冶山及妙相庵。贼以庵为翼花园,有典花总制官。乱后独存,江宁绅耆生祀曾公兄弟于中,名报德祠,募僧守之。

十二月,冰滑仆地,左肱折,医治三月始愈。

是岁,始交通州姜璜溪渭、扬州刘恭甫寿曾及同里秦伯虞际唐、陈耘芬光熙、何善伯延庆诸君,皆书院肄业友也。

同治五年丙寅,三十岁

二月,叶晋卿观察宝树延请教其子长名能格,次名能检,住仓巷。临川李翊煌小湖师子及同里张承沂、郭长炘皆来从学。

三月,始肄业惜阴书院,以《拟庾子山华林园马射赋》为周缦云山长学濬所赏,李伯相亦亟称之,拔置第一。

四月,永龄男殇。

浙江学使徐寿蘅侍郎树铭道出金陵,延聘阅卷,辞不赴。自是馆叶宅六年,塾中多藏书,恣意涉猎。

游环碧园,在钓鱼台,本孔氏宅,曾九帅复城时居之,今为湖南会馆。品雅园。在油市大街,姚友梅(兆颐)故居也,今为安徽会馆。

九日,登明鼓楼。上有康熙时南巡戒碑,时新修之。登其上,全城在目,南望市廛,北眺烟水,虽经兵火,其灵秀之气故在也。

同治六年丁卯，三十一岁

正月，鲍花潭学使按临岁试，取一等十名。古学题《受孔子戒赋》。覆试《山中宰相赋》，正取。正场题"弗如也，吾与女弗如也"，"千门共月华"得"华"字。科试取一等八名。题为"性也，有命焉，君子不谓性也"，"忠信为宝"得"儒"字。

二月，开县李雨亭方伯选书院高才生十人，月一会文于官署，予得与焉。

三月，大病几殆。自是以后遂不复病。

四月，大女生。

七月，二妹于归周氏，名桂昌，范亭姑祖弟四孙也。

八月十五夜，侍家君及桐城齐澹斋光国、同里哈聘之贤招二丈登明远楼望月。榜发，家君及二丈皆中式，予独报罢。

九日，侍家君出游，经驻防城，寻明故宫，小憩半山寺，出观孝陵，绕西华门入，登鸡鸣寺山而归。

同治七年戊辰，三十二岁

春，西捻由山西扰及畿辅，旋败退。会试从旱道者多被掠。

正月，家君赴礼部试，闰四月回，皆从海道。

洪琴西观察汝奎设致吾知斋古文课，汪梅村孝廉士铎主评阅，入是会者十人，予得与焉。始与崔琴友澄、汪仲伊宗沂、朱仲我孔彰交。泾县朱琪、朱瑞来从学。

九月，童薇砚学使按临岁试，古学取八属一名。题为《凤凰来仪赋》，覆试《寻烟染芬赋》。正场取一等三名。题为"唯大人为能格君心之非"，"蝉鸣黄叶汉宫秋"得"秋"字。

同治八年己巳，三十三岁

正月，二妹病没颍州。

三月，次女生。

五月五日，泛舟秦淮中流，箫鼓稍复承平之旧。

秋，与朱仲我游瞻园。园在藩署内，明徐中山王旧邸也，石最奇峻。乱后草草完葺，仅十之一。有峨翠亭最胜。

同治九年庚午，三十四岁

夏，谣言拐匪以药迷人，道无行者。七月，马制军被戕。

是岁科试取二等，乡试报罢。始有著述之志，先辑《金陵通纪》。

同治十年辛未，三十五岁

正月，侍家君出朝阳门，过孝陵下马牌，观水晶屏于观音阁，遂至灵谷寺。寺为梁代丛林，毁于兵火。同治间因祈雨有验，建龙王庙数楹，使寺僧祢修住持。是时梅花盛开，玉兰亦绽，僧导观无量殿、飞来剪、三绝碑、八功德水、志公塔诸遗迹。新修莫愁湖水榭落成，往游之。

五月，三女生。

九月，彭味之学使按临岁试，一等二名。古学题《颍考叔舍肉遗母赋》，正取。正场题"友多闻，人实不易知"得"知"字。

同治十一年壬申，三十六岁

杨子牧观察钟琛延请教子长名永锡，次名嵩庆，凡五年，住评事街。

南昌彭承泽、新建胡启华来受业。

与彭可轩布衣克仪订交，博雅君子也。

同治十二年癸酉，三十七岁

正月，人日，与刘恭甫、良甫，甘剑侯、子纯、子蕃，朱子期、豫生，秦伯虞，何善伯，集莫愁湖榭作挑菜会。

七月，彭学使按临科试，取一等七名。古学题《王沂公志不在温饱赋》，正取。正场题"是货之也"，"次第看花直到秋"得"秋"字。

八月朔，与刘恭甫、尚仰止、秦伯虞、陈耘芬、朱子期、豫生、蒋幼瞻、绍由、何善伯及凤生弟游后湖。湖在太平门外，周回十里，中有五洲，上建湖神庙，非舟不达，夏日观荷胜区也。今虽较晚，而败蒲疏蓼，秋景尤佳。

九月，木末亭看雨。亭在雨花山方正学祠旁，今为卓忠敬祠。

十八日，长子诒黻生。

同治十三年甲戌，三十八岁

正月二十一日，陪赵季枚彦修、唐端甫仁寿、刘恭甫、甘剑侯、朱子期集飞霞阁，作白香山生日。

上元、江宁合修县志，莫善徵祥芝、甘愚亭绍盘两明府设局于金沙井，聘汪梅村为总纂，予与张冶秋铸、方子涵培容、刘恭甫、秦伯虞、何善伯、甘剑侯七人为分修，凡十月告成。葺得兵制、大事二考,名宦、乡贤、孝弟、忠义等传凡五篇。

光绪元年乙亥,三十九岁

三月,林锡三学使按临,古学取八属一名。题为《张蕴古上大宝箴赋》。覆试《掷地作金石声赋》。

正场取一等四名。题为"宜民宜人,受禄于天","蘋风暖送过江春"得"春"字。

凤生弟补府学生。

南乾道桥新修宅落成,六月十三日移家居之。

秋闱中式第八名。头场题"子谓子夏曰:'汝为君子儒'","官盛任使,所以劝大臣也","王子垫曰:'士何事?'孟子曰:'尚志'"。"重与细论文"得"论"字。房师泰兴知县归安张树斋兴诗先生,座师太常寺少卿桂林周鉴湖瑞清、翰林院编修南郑王竹楼炳两先生。

十月,与刘雨生汝霖、谢小湘霖两同年赴苏州学院填清供。

初四日,出石城门,上红船,晚泊巴斗山。

初五日,开江,独上舵楼,饱看山色,盖不出游者十年矣。午后游金山,山经当事者重修,寺宇略有点缀。山下新建吉中丞尔杭阿祠。是晚,泊七号口,地微震,江水沸。

初六日,换内河船,入丹徒口,晚泊张公渡。晋陵内史张闿尝筑堰,溉曲阿新丰田八百余顷,渡以公遗爱得名也。

初七日,过丹阳,经陵口,齐太祖武进陵也。晚泊常州东城外。

初八日,过无锡,访蒋幼瞻同年。晚泊枫桥。

初九日,抵苏州,住泰来客栈。

初十日,游宋苏子美沧浪亭。门临湖水,木石清幽,亭踞石上,饶有远致。憩面水轩,登见山楼,旁为大悲庵,有五百名贤像。薛慰农师(时雨)有楹联云:"五百年名世挺生,俎豆馨香,因果不从罗汉证;廿四史先贤合传,文章事业,英灵端自让王开。"

十二日,瞻让王吴泰伯庙。旁塑负药镵者,甚有致。访圆妙观,屋多圮,而市廛甚盛。游师子林,倪云林别墅也,石所占地,不过数亩,而往还上下,有数里之遥,可谓鬼工。如此者,凡三聚。

十四日,寻苏州府学,范文正公所卜也,地颇宏敞。

十五日,谒吴中丞元炳、林学使天龄,公事毕。

十七日,出阊门登舟,晚泊浒关。

十八日,过无锡。望惠山及皇甫墩,欲往游,以风利不得泊。晚宿横林。

十九日,泊昌城,吴吕蒙所筑也。

二十日,泊新丰。

二十一日,出江,晚泊黄泥港。

二十二日,阻风,泊十二圩。

二十三日,泊东沟。

二十四日,至观音门,登燕子矶看落照。

二十五日,抵家。

是岁,设甘棠文塾,以课孤童。甘雨亭大令所筹款也。

家君与予皆任阅卷事。

光绪二年丙子，四十岁

正月，十七日，次子诒禄生。

是月，与刘雨生同行入都。

十一日，冒雨出水西门，登舟，十五里至下关停泊。

十二日，早大风，舟子不肯行，乃借红船拖带，午后微雪，晚晴，泊瓜洲渡。

十三日，巳刻行，四十里至扬州，登岸一游。入徐凝门，穿辕门桥，小饮茶社。

十四日，泛舟至五台山营，访汤彦生，旋复入城。晚见灯市甚盛。

十五日，行八十六里，泊车逻，见岸上植三竿，每竿百余灯，庆贺元宵。因登岸步月移时。

十六日，行八十里，至高邮之界首驿，登岸游东岳观，见璎珞珠灯，晶屏莹彻，游人如蚁。旁入曲房，翠竹碧松，楚楚有致。出观东行，瞻朱孝子坊。久之归舟，夜大风。

十八[七]日，早阴。过氾水，旧日避难所居处也。登岸买食灶饼，颇忆茹贫风味。午刻过宝应，戌刻泊淮城。是日风大顺，计行一百四十里。

十八日，雨。移泊淮城西门。

十九日，晚晴。十五里开至板闸。

二十日，大雾。行十五里，至清江浦上岸。步入山西会馆，内有三义阁、关帝家庙、大王火神等殿，地甚宏敞。午后坐小车行八里，过老黄河，至王家营宿。出镇一望，落日孤烟，苍然平楚，非复江南风景矣。

二十一日,车行三十里,饭鱼沟,沿路柳色笼烟,麦痕苏雨,初春之景,颇有可观。惟南人不惯颠簸,震荡特甚耳。又三十里,宿众兴。

二十二日,五更行,四十五里饭洋河集,又五十里宿顺河集。

二十三日,五更冒雨行,六十里饭峒峿,又六十里宿山东之红花埠。是日行李皆湿。夜晴。

二十四日,五更行,大风,寒甚。六十里饭郯城十里铺,孔子与程子倾盖处当不远也。又六十里宿兰山之李家庄。

二十五日,四更行。四十五里穿沂州府城,又五十里饭半城,又四十五里宿青驼寺,买唾沫膏,斯土产所最著名者。

二十六日四更行,五十里过垛庄,又五十里饭蒙阴之龚家城,又五十里宿敖阳,盖鲁之敖山,《左氏传》所谓"先君献、武废二山",此其一也。以旅店客满,露处于车中。

二十七日,四更行。予困极犹睡,三十五里穿新泰县城,过翟庄始醒。又四十五里饭羊流店,以羊叔子故居得名。午后五十里至崔家庄,又五十里宿泰安府南关。连日山路崎岖,登顿极疲,而沿途山色极佳。徂徕、东蒙诸山,连延不断,至泰山则崇高广博,大莫能名,适当夕阳倒射,紫翠斓斑,惜不能直登其巅,一览天下小耳。

二十八日五更行,五十里饭长清之垫台,又五十里宿张夏。是日山路尤险,见翻车者甚众。

二十九日四更行,三十里至匡山,始出山路,又二十里过都帝庙,二十五里渡黄河。案大清河为古济水,自黄河北徙,遂夺其流,而出齐河县南焉。又二十五里饭晏城，晏子所封邑也。又五十里宿禹城桥，见壁上有徐花农琪诗甚佳。

三十日，四更行，七十里至平原县，公子翩翩风度可想。又三十里饭十里店，又五十里至德州，十二里渡河，十八里宿刘智庙。据土人云，刘智，博徒也，以赢赀造庙，故名。

二月初一日，五更行，四十里穿景州城，又三十里饭河间之漫河镇，又二十里过阜城县，又四十里宿交河之富庄驿。

初二日，五更行，四十里穿献县城。献，河间王谥也，以之名邑，遗泽长矣。又三十里饭商家林，又三十里至河间府，又二十里宿二十里铺。遇仁和徐花农同年，即禹城题壁者也，与之谈诗甚洽。

初三日，五更行，五十里过任邱县，又五十里饭鄚州。鄚，即莫字，北方无入声，读为去声，如貌。又三十里穿雄县城，古之赵北口也，有十二连桥，红栏碧柳，颇似江南，怡贤亲王所开之水田在焉。又十里渡河，三十里宿孔家马头。是日寒甚。

初四日，黎明行，五十里饭新城之曲沟，又四十里穿固安县城，至浑河，桑乾水之下流也。时已夕阳，舟小人多车子，驱予车先渡，至中流，冰忽合舟，进退不得。初更后，北风凛冽，寒不可忍，乃卸车踏冰，以两人掖行，半里许登岸，甚险已极。复驾车行十里，宿榆垡。刘雨生在南岸未渡，回固安。

初五日，巳刻，刘雨生至。午后行，五十里宿黄村。嘉庆中，妖贼林清曾匿于此。

初六日，黎明循南苑墙而进，俗呼海子，遂入永定门，历郊坛，望之松柏郁葱，有佳气。至前门，暂寓打磨厂，旋移内宫监夏银台家镐宅。

十五日,贡院复试,取二等。

十六日,与锺勉之年丈游北海。入蚕坛门,观皇后躬桑处。循墙而北,渐闻水声,有石闸,泉流涌入,则御河之源也。沿河西行,竹林出墙,小亭榜"碧鲜"二字。又西为阐福寺,喇嘛僧居之,飞阁复檐,丹红灿烂,照壁绘九龙,腾挐夭矫,所谓九龙碑也,门外二铜狮,刻镂工巧,相传和珅家物。又西为极乐世界,欢喜佛居之,门闭不得入。沿河穿五龙亭,返至蚕宫前甬道南行,松柏夹路,里许,过大桥,为琼华岛。石峰林立,最奇者上刻"岳云"二字,皆宋艮岳之石,金源辇而至燕者也。由左道石级上,曲廊回绕,至一亭,瓦、柱皆铜,四面嵌磁佛,中为大悲殿,供观音化身。再上则白塔矗立,塔山由以得名者。循径右转而下,见老松数十株,中藏屋宇,则悦心殿在焉。平台左右有二石,其一备九音,叩之良然。再下有二碑亭,乾隆时御制《塔山四面记》镌其上,恭读一过,全景毕现。旁有二小楼,拾级登之,则宫阙之壮丽,市廛之喧阗,均在目中。下穿石洞,阴森逼人,盖塔山之腹,其中皆空。出历智珠殿,至艮岳石处,观琼岛春阴碑。折入山后,石栏俯河上,有辽后洗妆楼,已圮。墙内为阅古堂诸胜,以时晚不果入。遂过桥,出陟山门,至蒋蔼人主政(绍和)家少坐,仍穿北海回。夕阳返照,楼殿参差,一幅小李将军金碧山水也。

三月十六日,出场后,同乡温明叔过丞葆深、林湛之部郎延燮、潘清畏侍郎敦俨诸公皆排日招邀公宴,几有应给不暇之势。

二十日,大会诸同年于燕喜堂。

二十一日,游十刹海,在后门外,一名北湖,水自玉泉山来,积成巨浸。夹岸杨柳,堪入图画。土人云昔有十刹环之,故名。还入火神庙。前殿曰隆恩,后阁曰万岁景灵,唐贞观年建,元至正六年修也。明末王恭厂大火,相传火神下殿,即此庙塑像。

二十四日再游北海。入碧照楼门，历漪澜、道腴诸堂，登石山，穿石洞，观仙人承露盘而出。复循堤由夹道过小石桥，遥望石亭已圮，对宇有"春雨林塘"额，门闭不得入。皆前游所未到也。

四月初二日，游法源寺，唐之悯忠寺也，文皇征高丽，埋士卒战骨于此。宋谢叠山先生成仁处。殿宇峥嵘，阶下有佛幢二，一开元年立，字模糊难辨，一契丹时造。上覆白皮松一株，秀黛参天，数百年物也。过谢文节公祠。在法源寺后，入拜公像，读李春湖侍郎（宗瀚）壁上碑记。因涉园一观，廊宇修洁，尘念顿消。

初七日，与卢云谷、陈耘芬、秦伯虞游中海、南海。由金鳌玉蝀桥南入福华门，先至紫光阁，前有箭道，松栝成行，俗呼中海。阁后为武成殿，殿阁两壁皆绘平定各部战图，匣藏诸功臣画像，启一二轴视之，须眉俨然。夹室贮外藩贡物，有西洋所献宝辇，益叹当时绥远之方。出阁循河南行，入南海门，过木桥，进曲涧浮花门，穿流水音石亭，循石磴，到春及堂。出门南行里许，登宝月楼，壁上有凸凹画，墙外即回回营，俗呼回妃梳妆台即此。出绕河西北行，至春耦斋，垒石成路。步廊西转，入纯一斋，东历遐瞩楼、敦叙殿，至澄怀堂，遂出丰泽园大门。渡石桥，沿河南行，历阶而上，入翔鸾宫门，历涵元、香扆诸殿，下至瀛台，外供木化石，南为迎薰亭，在水中央。因出西苑门而归。

初八日，三游北海。入道腴斋，左叠石如浪。穿石洞，中玲珑透彻，几欲迷路。楼曰环碧，亭曰延南薰，又前游所遗也。

会试报罢，与秦伯虞同车出都。

十四日，行二十五里饭余家围，三十里过张家湾，六十五里宿河西务。是日，予四十初度。壁灯土铫，自视哑然。

十五日，行六十里饭杨村，又六十里抵天津，住河北店。

十八日，与伯虞谒李伯相。

十九日,至紫竹林看戏,晚上轮船。

二十日黎明起碇,出大沽口。

二十一日,过绿水洋。

二十二日,过黑水洋。

二十三日,未刻至上海,是晚看演灯戏,鱼龙曼衍,炫荡心目。

二十四日,夜上长江轮船。

二十五日,早入江阴口,狼、福二山夹峙海门,长江之锁钥也。亥刻过镇江。

二十六日,将晓,倚栏看江,星火苍茫,景殊奇特。辰刻抵龙江关,易小舟入城。

秋日,与秦荫棠汝槐寻天界寺遗址。明初置史局于此,与碧峰寺为邻,南都一大丛林也。咸丰中毁于兵火,废础碑砆,荒榛塞路而已。

是岁,同县程佑孙来从学。

可园备忘录卷三

光绪三年丁丑，四十一岁

正月，与甘剑侯、朱子期、豫生同赴礼部试。

二十日，至下关。

二十一日，上轮船，夜过镇江。

二十二日，至上海，寓长发栈。

二十三日，游城隍庙。庙在上海县城内，本明潘方伯允端所构，宅中筑豫园，地极宽廓，有水数顷，曲折桥通入一亭，轩窗四达，今为茶肆矣。晚游英法租界，海市蜃楼，殊形诡状，笙歌鼎沸，与煤气灯相炫耀也。凡候船三日，观之不尽。

二十五日，上丰顺轮船。

二十六日，出吴淞口，大风一日夜。

二十八日，见远岸青山络绎，有亭在巅，客曰此登州蓬莱阁也。申刻小泊燕台地，以南燕慕容德驻此得名，今为南北海道要津矣。

二十九日，至大沽口，搁浅。

二月初一日，潮至，抵天津。

初二日，买车行六十里，宿杨村。

初三日，行八十里饭安平，又四十里宿张家湾。

初四日，行六十里入京，住南半截胡同江宁郡馆。内有瑞芝轩,秦磵泉学士旧邸也。息劳二日。

初六日,过松筠庵。庵在顺城门外南斜街,杨椒山先生祠堂也。内有谏草堂,壁勒手疏真迹,为张石洲(穆)所刊。庭中花木池亭,翛然绝俗,与莲花、保安二寺迥异矣。

初七日,与剑侯、子期游厂甸。俗呼琉璃厂,为文具荟萃之区,书画则古色斑斓,器皿则宝光璀璨,目不给赏,流连竟日而归。

十三日,与子期游城南诸刹。先至万寿西宫,未入,门外地颇旷阔,饶有野趣。折而东南行,过龙泉寺,观董文敏、梁山舟、翁覃溪诸石刻。又南则清水一泓,沿岸纡回至陶然亭,以方兴修,且有犬吠,造门而返。北还入龙树寺,登凭虚阁,西山爽气,直扑檐宇,坐久逾寂,不知身在人海中也。

二十一日,入宣武门观驯象,遂至后门外,游寿明寺,亦古刹也。

三月初六日,移至贡院前小寓。

初八日,入场,坐龙字号,古槐一株,阴覆数亩,与号舍尤近也。

十七日,试毕。公宴安徽会馆。馆在孙家园,祀闵子、朱子于堂,以闵籍宿州、朱籍婺源也。旁有园亭,花木最胜。

十九日,与子期游慈仁、善果诸寺。慈仁寺在彰义门内,今名报国寺,入门右侧有顾亭林先生祠,何子贞太史所建也。壁嵌唐幽州押衙太原王公夫人张氏墓志,系土人掘地而得者。门外有井栏,上镌“开成三年”字。僧导入二重院,老松奇崛槎枒,不下数十株,衬以竹槐,古翠新阴,纤尘不起,时时闻清梵声。正殿南向,石栏环之,如来尊者,位各以次。后供磁观音像,眉目庄严,云系窑变所成。再进有毗卢殿,藏经积于是。太原傅青主大画,所谓地狱变相者,已不可见。出门西行,遥望城阴丛树,中露红墙,疑为善果寺,转入,果然。宏敞逊于慈仁,而大雄殿廊塑五百罗汉渡海像,工妙绝伦,所谓悬岛是也。居京师人鲜游及于是者。

四月初二日,游陶然亭。先至龙泉寺观二楸树,状甚奇古,著花逾妍。前行至陶然亭,江藻所建也,故又名江亭。晶窗四拓,远挹西山,时当雨后,净绿如沐。下视平畴,麦苗油然,与芦苇相间,风景不减江南也。顺访香冢、鹦鹉冢而归。

初七日,同县叶树东自欧洲新归,招集龙树寺。俗呼寺为龙爪槐,以树名也。内有蒹葭,篱屋面芦苇,薰风生凉,令人动后湖之想。是日轰饮于此。

十二日,会试报罢。与伯虞联车出都。

十三日,五更行,九十里饭安平,五十里宿蔡村。早寒午热,一日具四时气,颇觉疲顿。

十四日,四更行,五十里饭浦口,三十里至天津,住河北店。

十六日,上保大轮船。

十七日,午刻出大沽口。

十八日,未刻小泊燕台。

十九日,过黑水洋。

二十日,至上海。

二十一日,上长江轮船。

二十二日,夜到下关,住洋棚。

二十三日,早入城,巳刻抵家。

六月,侍两大人游后湖。先是湖神祠非舟不达,去冬筑堤数里,夹植桃柳,联以六桥,有红坊矗立,书"画桥碧阴"四字,山色湖光之所萃也。是时荷花盛开，流连至暮而返。

九月，与子期、善伯游鸡鸣寺。

十二月，与冯梦华煦、成漱泉兆麐、刘恭甫寿曾玩雪于飞霞阁，小饮赋诗。

是年，《金陵通纪》辑成，汪悔翁为作序。

光绪四年戊寅，四十二岁

石东山观察延请课孙长宗洛，次承钧，次承泽，又有王官伟附学，凡七年。

方紫涵培容因晋、豫奇荒，创写塔捐，助其经理。

七月十三日，子诒寿生，与善伯指腹定婚。

始辑《金陵通传》。

光绪五年己卯，四十三岁

四月，小园丽春花开俗呼虞美人草，有并蒂同心之瑞，建瑞花馆三楹。

筑甘堂文塾于华藏庵，落成会饮。庵本王介甫读书之所，旧名箨龙书院，在黄泥巷东。

九月，与善伯鸡笼山后访菊，遂过胥家大塘胥二如先生故里，沿台城遗址转至鸡鸣寺。

光绪六年庚辰，四十四岁

二月初十日，与秦伯虞、朱子期同赴礼部试，午刻至下关，下水轮船已过，乃暂住洋棚。

十一日，游静海寺三宿岩。宋虞允文自采石破金归，过此三宿，故名。登其上望江，滚滚长流，宛在足底。石洞中有宋人题名，扪寻得之。

十二日，上江轮。

十三日，抵上海，住元发栈。守船五日。

十七日，上新南陞轮船，晚玩月黄浦江。江为春申君黄歇所浚，故又名申浦。

候潮三日，二十日，午后始行。晚出吴淞口，即有风，三日不止。同舟皆卧不能兴，呕吐狼藉。

二十三日，至燕台，风定，如病新苏。

二十四日，抵天津。

二十五日，登岸，住紫竹林佛照楼。

二十七日，车行六十里，宿杨邨。

二十八日，一百二十里宿张家湾。

二十九日午后入京，住江宁郡馆。

三月初十日，未刻，甫出场，善伯拉游隆福寺，百货凑集，士女如云，都人谓之庙市。越日，又观都土地庙花市。

二十一日，寻慈仁寺。于毗卢殿后，穷幽而入，有再来亭，戒和尚寻前身处也。历级而上，登毗卢阁故址，下憩禅室，有祁文端公联云："五六月中无暑气；二三更里有钟声。"皆前次所未到也。与子期出坐阶上，玩老松，久之始归。

四月，初一日，游天宁寺。寺在彰义门外，有两塔。入门见牡丹已残，芍药方盛，就山高下，分客堂数间，洁无纤尘，人海中清净所也。

初三日，与端木子畴丈㻞游崇效寺。寺在城西南隅，城[地]极旷僻，枣花满林，故又号枣花寺。壁上多嵌唐人墓碣。开山律师智公有红杏青松卷子，主僧出以示客，子畴丈为书"同观"字以归之。

初五日，与子期北入禁城，纵观庙堂宫阙之盛。先至国子监，彝伦堂外，一水界之，辟桥观听于是焉。在圣庙临其东，入门松桧成行，进士题名碑林立。戟门外排列石鼓，左右各五，周宣旧鼓，以栏护之。门左有纯皇帝御制石鼓文碑，而张照所书韩诗碑坿立于右。继入大成门，院左右碑亭相接，皆刊十全武功告成太学文，其间树尤奇古，令人动林木名节之思。旋过十刹海，遥望树阴森蒨，水面荷小于钱。略览一过，遂入后门，历大高元殿，至团城。从墙隅历级而下，当阶有黑玉瓮，大容数石，腹中镌纯皇帝御制诗，作亭覆之。又有一松，阴满半庭，而枝不出屋，俗谓之遮影侯。迤东有古籁斋，后有朵云亭。再东有小石山，登望金鳌玉蝀桥，近在足下，西山浓翠欲滴。循廊至承光殿，御座宫扇对越森严，楹联为显庙手书，龙蹲凤峙，敬仰久之。过桥入福华门，先至时应宫，岁旱雩祭处也，前殿供四海龙神，旁列雷电诸将，后殿供天下都龙王，屋宇阴森，不寒而慄。旋至紫光阁，展视福郡王诸功臣画像。时已薄暮，乃归寓。

会试榜发，报罢，就职教谕。与叶子寿有年及伯虞两年丈出都。

十一日，行二十里，饭双桥，尘沙满面，如泥坯人。又二十里至通州，即登舟。

十四日，行一百二十里，泊姚家洼。

十五日，行一百里，泊蔡村。

十六日，行一百二十里，至天津。

十七日，登岸，住紫竹林春元栈。

十九日，上丰顺轮船。

二十日，巳刻出大沽口。

二十一日，晨起无风，见日出，半海皆红，奇观也。凭栏望登、莱诸山，络绎相接，知近黑水洋矣。

二十二日,大风,震荡异常。

二十三日,未刻进吴淞口,遂登岸。

二十四日,上江轮。

二十五日,抵下关,天明入城。

是月,府志开局。蒋太尊_{启勋}主之,仍聘汪梅村为总纂,予与朱崇峄_{桂模}、刘恭甫、方子涵、秦伯虞、甘剑侯、甘子纯_壃、邓熙之_{嘉缉}、顾石公_云、罗雨田_{震亨}、胡焕文_{光煜}、田撰异_曾十二人为分纂,凡十月告成。_{茸得《军志》一卷,《先正传》三卷,《孝友传》一卷,《仕绩传》一卷。}

十一月,薛庐落成。同门生会饮赋诗。_{在乌龙潭上,薛桑根师所筑之精舍也。}

光绪七年辛巳,四十五岁

自戊寅岁西域荡平后,俄罗斯以伊犁地界事要挟不已,西北边及海疆皆戒严,至是年和议始成,民心大定。

正月初七日,作挑菜会于薛庐,饮毕,访一拂祠,_{祠祀郑监门侠,地在清凉山左,竹树幽邃,人迹罕到。}登扫叶楼山。_{在清凉山右,龚半千筑楼于上,自号扫叶僧。今楼圮,有茅庵在。江天夕照,晚景尤佳。}

三月,与杨朴庵、秦伯虞游胡氏愚园,听煦斋主人及乔子衡弹琴。

五月,家君署东台县学归,凡莅任四阅月。

建延清亭于可园后山。

闰七月,郑氏三妹病没。

十一月,四女生。

光绪八年壬午，四十六岁

正月，游城西，寻灵应观，在茶山上，以祷雨有验得名，宋所建也。中有神像，铁身，镌“元狩甲子”字，伪造显然。门外碑毁，龟趺尚存。拜诸葛武侯祠，地与驻马坡近，因建此祠。拓旁屋为淡静山房，顾石公楹联云：“荐君一掬建业水；听我三终梁父吟。”辞极超浑。附祀陶渊明栗主于右塾，予为作记。下山至宛在亭，建于湖心墩，旧名肥月，薛桑根师易今名。循乌龙潭新堤，入颜鲁公祠，玩古柏。俗以潭为鲁公放生池。祠内有双柏，今枯。

刘恭甫病没扬州。讣闻，挽之以联云：“文宗吏部，学主司农，十八年旅寄建康，问旧雨几人，自渡江来先识我；判袂经旬，伤心千古，五万卷犹存高阁，听秋风满树，每过冶麓辄思君。”飞霞阁为君校书处。

五月，祀顾亭林祠，毕，小饮赵季枚彦修冶山学舍，作《顾祠坿祀诸先生议》。

八月初一日，愚园观东洋灯影戏。

冬，《金陵通传》告成。

是年，大兴水利，建东关石闸，浚句容赤山湖，开江浦朱家山河。

光绪九年癸未，四十七岁

正月，休宁吴嗣箴、金澐、金坛林之祺、同里朱绍舜来从学。

是月，朱子期病没天津。讣闻，以联挽之云：“薄游逾二千里，远客诸侯，是吾乡有数人才，问身后何名，洵无惭东汉独行，初唐文苑；缔交垂三十年，申以婚媾，为生平第一知己，忆前尘如梦,最难忘江村斗韵,燕寺寻碑。"

二月,辑《运渎桥道小志》。

周镜涵表兄病没于浦云宅,以联挽之云:"一千里辛苦归来,正首仍依介弟;三十年遭逢如梦,传家赖有佳儿。"

十月二十九日,四子诒谋生。

自九月杪,红气随日出入如火者两月。

是岁,法夷侵安南。滇、粤皆警边备,江南亦筹海防。

光绪十年甲申,四十八岁

可园中,改建瑞花馆。

十月,金陵书局延入分校。表弟夏仁溥来受业。

是岁,法夷犯马江。海疆大震。江宁办七属保甲。

光绪十一年乙酉,四十九岁

春,法夷犯镇海。南洋戒严。会安南大捷,和议成。

改馆李春泉宅,教其二子_{长保亮,次保生},凡十年。

定远凌起元、丹徒赵星驭、句容杨世沅均来受业。

正月二十一日,薛桑根师卒于馆。以联挽之云:"出为儒吏,处为人师,惟平生意笃怜才,纵观数百里间,教留江左功留浙;太山其颓,梁木其坏,念小子感深知己,屈指十余年事,一哭临川再哭公。"三书院规复以来,肄业者凡二十年,自李、周、薛三师外,阅卷如孙襄田(锵鸣)、韩叔起(弼元)、林颖叔(寿图)、张濂卿(裕钊)诸公,皆蒙奖借。此后主讲席者,半系同辈之流,遂辍不复试。

弟子杨世沅、程佑孙得拔贡。

茸《运渎小志》成，刊之。

十月，二十一日夜，星交流如织。

光绪十二年丙戌，五十岁

始设奎光书院，课童生诗赋。

石埭桂殿华来受业。弟子李翊煌举进士。表弟夏仁沂来受业。

秦伯虞新筑南冈草堂成，同人宴饮以落之。

光绪十三年丁亥，五十一岁

正月，庚戌夜，大雾四塞如烟，中有硫磺气。

春水发，冲毁东关外石闸。

同里林铎来受业。

四月，游毗卢寺。湘军所新建也。金刚韦陀，殿廊壮丽，后楼有转轮木塔，运动极灵。

朱豫生亲家断弦，慰之以联云："二稚子头角将成，从今父代母劬，劝达人珍重自持，桐院莫频悲夜月；三十载蘋蘩克洁，满拟妇循姑职，奈弱女娇痴无福，莲台不获侍慈云。"

九月，驻防城寻方正学新祠，观血迹石。相传被刑时，为血所渍，今立亭以覆之。

十一月，《金陵诗徵》刊事告成。

翁铁梅长森邀集大江南北诸名流三十五人，祭历代诗人于薛庐之有叟堂。礼成，会饮。予为作《盉麓祭诗记》。

光绪十四年戊子，五十二岁

同里夏仁虎、侯福昌来受业。

北极阁重建旷观亭，起卧钟，审为洪武二十一年铸，立亭以悬之，又于莫愁湖筑曾公阁，皆许方伯振祎所为也。予乃次第往游焉。

九月，凤生弟领乡荐。

十月，三女适朱氏，婿名庆章，豫生孝廉之子也。

光绪十五年己丑，五十三岁

春雨雪，木介。夏雷震死甘雨巷人。秋淫雨连月，街衢上水。冬观音门夹江岸伤人压船无算。

二月，秦伯虞断弦。慰之以联云："和气洽蟂斯，樛木有恩能逮下；华年惊骑省，落花无语总伤神。"

七月，汪悔翁助教捐馆。以联挽之云："学绍汉司农，道宗周柱史；星沉郑角亢，殿失鲁灵光。"

又挽谌瑞卿大令云："深情笃梓里，为士子筹及公车，竟于左侯李伯之间，抗颜分席；到处植棠阴，甫周甲遽回宦辙，遥想易水燕山之地，堕泪观碑。"

八月，以亲政恩开科。弟子吴嗣箴、夏仁溥领乡荐。

九月，寻南郊天界、碧峰二寺，游刘氏再来园。

十月，席锦泉内弟奉讳归里。拜外舅灵椊于迈皋桥。因出神策门，红树秋山，风景绝佳。遂访嘉善寺，观苍云崖。

跋冶麓山房藏书，约有三千卷。

光绪十六年庚寅，五十四岁

许仙屏方伯设文正书院以课士，奉曾公画像于怀贤楼，亭台花木，就八府塘后废圃为之。

清江杨裕宗来受业。门下生设会课二，请予评阅。一为冶麓山房课，受业者程绍伊、孙懿诚、懿谦、周志通、曾宗恺、王恩沛、徐传笃、金为八人。一为璃花馆课，受业者章华、许开勋、王志韫、李深、李琪、夏仁澍、仁沂、侯福昌、际昌、日晶、孙启椿十一人。后增陈大桐、章黼、徐炳耀、潘炳奎、朱庆章五人。

二月，大女于归龚氏，婿名肇新，蔗轩明经之子也。

五月，凤弟成进士，改知县。

何善伯病没天津。以联挽之云："作客者十之七，居家者十之三，感浮生南北分驰，草草作劳人，只落得箦易鸿妻，棺凭骥子；论交在廿年前，缔姻在廿年后，猛回首光阴易逝，茫茫成梦境，最难忘湖寻秋水，尘踏春明。"

九月，二女于归孙氏，婿名启椿。

十一月，绂儿娶秦氏，伯虞孝廉之女也。

光绪十七年辛卯，五十五岁

长江一带，匪徒竞起，焚烧天主教堂。派兵防护。

三月，俄皇子过境，供张甚盛，未入城而去。

镇江韩锡骏、锡璜，溧水何其祥来受业。

石观音庵后周孝侯读书台新加修葺，颇得超旷之趣。予往登之。

过灯笼巷汤润之味园，看孔雀、鸳鸯，而金鱼尤为异品。

常煦村司马炳元以重游泮水,宴客于宅中之退园。园有山亭,踞地极高,集诗句为楹联云:"白下有山皆绕郭;春城无处不飞花。"

凤生弟赴浙江候补。

龚谦夫丈捐馆舍。代家君挽之以联云:"桐苗孙枝,申以新姻相系属;茶开春社,可堪老友遽凋零。"

周浦云妹夫病没,挽之以联云:"归祖父丧,营兄嫂葬,了儿女婚姻,重任一肩担,只凭三寸毛锥,累得筋疲力尽;玩濠梁月,守洪泽潮,冲京江风雪,前尘瞥眼过,空剩卅年情事,寻从梦里吟余。"

府委办江宁县属保甲事,书局销云兼差。

夏旱。秋蝗。冬雷,无雪。

光绪十八年壬辰,五十六岁

上元蒋家淦、朱承松来受业。

五月,贵曾孙生。

十二月十八日,家君弃养。凤弟归甫数日也。

秋,飞蝗蔽天。冬奇寒。

光绪十九年癸巳,五十七岁

上元姚曾源、成都俸延隽、东湖王家桢来受业。

先是镐甫从弟自陕西回,改葬伯康伯父于尖山。至是价之伯祖及谈孺人灵榇亦由山西来,为卜葬于花神庙丁家邨。

当事大兴水利,上《后湖不可通江议》。

扫叶楼新筑成,望远极胜,不减昔时江光一线阁也。

弟子桂殿华、蒋家淦领乡荐。

甘剑侯母夫人病终。挽以联云:"有令子为通儒,五千卷文字蟠胸,津逮楼高常仰止;忆朱门初拜母,四十年光阴弹指,春归图在怕重看。"十月,贵曾孙殇。

光绪二十年甲午,五十八岁

益阳汤怀允、石埭陈兆生来受业。

三月,安葬先大夫于北郊前新塘祖茔。请邓嘉缉撰铭,魏家骅书丹。

命三儿诒寿习缎业。

四月,禄儿娶席氏,前室之侄女也。

与秦伯虞办理救生局务,并校刊《金陵续诗徵》。

子元从叔病没。以联挽之云:"七百里外曾施博士青毡,守旧依然芹馔薄;四十年前同侍先君绛帐,论文犹忆竹林游。"

又以联挽伍濯之云:"穷愁郊岛,不第方罗,泰岱倏归真,竟了却一生事业;弱冠孙周,通家孔李,宛陵同避地,最难忘卅载光阴。"

改馆王鼎臣观察宅。因伊补凤庐道,未同去。就县学尊经阁教其孙家桢,及归应乡试而解。未几,复经吴鉴泉观察延课其子旭霄、旭林。

秋,大旱,奇热,城乡皆疫,死丧甚众。

是岁,日本侵朝鲜,扰及东三省。我师屡败,征调遍天下。上海为各国商路，英人以兵船守护。又因军兴，息借商款，劝绅富输财助官。

光绪二十一年乙未，五十九岁

仍馆吴宅。武昌洪愉孙、懔孙来受业。

改筑于斯堂，为家母庆八十一寿。

移馆于半青草堂，俯临濠水，仰挹蒋山，隔岸桃花，极为幽秀。

日本和议成，割台湾予之。海疆解严。

金陵初设水师学堂。

季夏，大疫，比户死丧。

吴旭冈，鉴泉观察长子也，归试庐江，已登舟，复返，次日始行，没于旅次。挽之以联云："北望阻趋庭，音逐电传，旅魂应入三更梦；西归催买棹，行因雨阻，谶语真符一面缘。"

又挽朱晋卿丈云："耆宿笑言温，桐帽棕鞋，暇日闲行常过我；老成凋谢尽，藻宫槐市，先君同辈竟无人。"

挽甘子纯云："世德克亲承，谦恭孝友，自信通家凤好，深识平生，最难忘避地仓皇，折辈行以下交，预订册年旧雨；君斋频过访，咨度询谋，岂知三日未逢，便成永诀，从此后望庐感悼，同舟航而共济，只余几个晨星。"指办救生局事。

九月，初一日，家母弃养。呜呼哀哉！从此永为无父母之人矣。内子赵孺人以哀劳，吐狂血，几殆。

仲子诒禄补县学生员。孙女蓉姑生。

是月，大雪。兰孙侄奉其祖母及姊自山西回。

是岁，城内创筑马车路，遍行东洋车。

光绪二十二年丙申，六十岁

正月，二日，与周子木及凤生弟游三台洞。在幕府山之阳。下洞深杳。由石罅中猱升而得中洞，外接以屋，凭栏而望，山翠扑帘，岑楼高耸。历石级而木梯，上洞乃于是见，境至奇，亦至险也。与朱豫生游督署煦园。平台高出檐际，下覆回廊，曲折数千步，最旷朗。石船粗笨无意趣。其他座落方修筑，未遍览也。

二月，游采石，历观彭、杨诸公祠，登太白楼。夜泊牛渚玩月，归陟犊儿矶。

四月，六十降辰。以有服，避客，游燕子矶永济寺，白云楼，俗呼七根柱子，昔之铁锁链孤舟处也。二台洞。在三台洞之南，有道士杨彬如，为湘军旧将，住持于此。

是月，安葬先母于前新塘。

报捐国子监典簿衔。

与秦伯虞校刊《国朝金陵文徵》。

邓熙之断弦。以联挽之云："介寿几何时，金母俄回蓬岛驾；悼亡应有作，黄门重咏缲帏诗。"

又挽常煦丈云："名门自昔重丰岐，忠义承先，文章启后；吊哭于今依庙寝，望崇父执，谊笃通家。"

十二月，郑太夷孝胥筑濠堂于半青草堂之侧，招饮以落之。

光绪二十三年丁酉，六十一岁

吴宅馆解，家居课子。设延清亭会课，肄业者朱敦儒、戈乃昌，丘毓汶、伍翰、甘镇、王文枢、叶华銮、刘启勋，凡八人。

二月，蒙儿娶何氏，善伯孝廉之女也。

三月，仲子诒禄暴亡。媳席氏殉。越月，四女病夭。

四月初二日，孙和官生，大儿所出。年月日支干与予皆同，命曰祖同。

子木约游山排闷。初七日，乘舟至栖霞。

初八日，抵焦山，登北固，还，诣金山。顺风逆流而归。

张楚宝竹居增筑韬楼，叠石疏池。与顾石公往游。

茗饮南门外风月居，面水构阁，垂杨夹岸，于夏日尤宜。

年丈李少白商州牧病没。挽以楹["楹"字衍]联云："芝岭采风谣，循吏口碑犹载道；椿庭增感悼，同年齿录渐无人。"

又有挽甘剑侯联云："孔李夙通家，溯当年朱门避地，忝辈行以缔交，深感解衣推食；恭桑有同嗜，叹此后赤牒披图，就乡邦而数典，何从考献征文。"

《金陵文徵》告成。与秦伯虞编校《国朝词徵》。

弟子夏仁虎、李保亮得拔贡。金沄、陈荫桐及婿孙启椿领乡荐。

十二月十二日，孙女兴姑生。蒙儿所出。

光绪二十四年戊戌，六十二岁

春初，大雪，奇寒。流民多冻死。官绅举行义振[赈]。

就屠兴之南捕署课读。三月移官淮安，未偕去，在家设塾。

长沙蓝鼎燮、献璠,上元戴湜、施纯德来受业。弟子桂殿华成进士。

与孙叔平茗话江天一览阁。在下关救生局侧,四望颇旷朗。

与秦伯虞游鹫峰寺。明时名刹也。在东花园,境极幽秀。未几,逐僧,改设学堂。

与周柳潭寻永庆寺,访随园遗址。

闰三月,凤生弟赴官湖南。

四乡保甲改办团练,撤局卸事。接办广丰备仓,旋辞去。

自三月以后,米价踊贵。

五月,饥民劫米,合城罢市。

设五城平粜局。予与秦伯虞、李小园、郑叔龙入南局襄办。先设府城隍庙,继移下江考棚,后移新廊凤池书院。自五月至七月止。

六月,郭少亭七十寿辰。祝以联云:"公正廉明,讴思滦水;富贵寿考,家世汾阳。"

五月以后,朝廷举行新政,至八月罢。科举仍用八比。

九月,大儿诒绂补县学生。

秋天作黄金色,大有年。

刘太守名誉延主崇文经塾教习。

《养和轩笔记》编成。傅荟生刊入《晦斋丛书》中。

缪筱珊编修延校群书三年。《山西石刻丛考》《大玄阐秘》《马氏意林》《石渠余记》《贵池二妙集》《秋浦双忠录》《山左词钞》《国朝名家词选》,凡八种。

龚、孙两亲家先后病没。挽蕉轩以联云:"福荫庇儿孙,老屋秋风,先兆遽惊榆树折;深情兼戚友,闲门今雨,与谁再访茗园来。"挽筠生以联云:"有子克家,忆快意去年,捷报秋风魁虎榜;多孙绕膝,话含饴往事,光凄夜月掩鹓巢斋名。"

十一月,彗星见。

与司马晴翁、周柳潭、秦伯虞、郑叔龙作五老消寒会。

光绪二十五年己亥,六十三岁

二月,紫霞洞观瀑。登钟山顶,谒三茅宫。下寻明孝陵。归过半山寺。

丁礼民约偕缪筱丈、濮青叟、司马晴翁、沈子良、张诵穆、陆安山等,作具并社,为文字饮。

三月,修禊于冶山学舍。

与司马晴丈过武庙,观演武乐舞行。新筑马路,杨柳成阴,诗所谓台城十里堤也。

周柳潭病没。以联挽之云:"染绛忆悬帷,季雅卜邻,绅书曾与十年役;踏青来践约,维摩示疾,杯茗还留一面缘。"

与缪筱丈、司马晴翁、傅茗生、甘伯音游天阙山,登白云梯,入宏觉寺。下访祖堂山幽栖寺,玩佛影石、虎跑泉。

五月,雨集妙相庵。六月,刘园观荷。七月,飞霞阁看云。八月,秦淮水榭玩月。皆具并文社会饮也。

是月二十七日,孙女菊姑生。大儿所出。

校刊《凤麓小志》《东城志略》。

秦淮茶社有德星楼,为作一联云:"天际画帘垂,四座客来,都带六朝烟水气;楼前歌舫过,三更月冷,犹闻一路管弦声。"又云:"饮建业水,看蒋山云。"

又寿陆安山学师联云:"太极图开,鹅湖讲学;屠苏酒熟,鸿案介眉。"

又挽李春泉丈联云:"撒手散千金,只凭骨侠心慈,棺到盖时公论定;佣书经十载,回忆耳闻目见,楹当凿处格言多。"

可园备忘录卷四

光绪二十六年庚子，六十四岁

三月三日，与缪筱珊、俞恪士、秦伯虞、顾石公泛青溪，看桃花，遂访蒯礼卿于竹桥，作修禊之会。

四月，就万钧陶观察教读馆。同里张修敬来受业。

六月，闻北警，观察移家去，遂解馆。

三儿诒寿赴湘。

拳匪起畿辅，以仇教为名，大开边衅。长江一带，刘制军与洋人立约，代为保护教堂，两不侵犯，民以安堵。

七月，俞恪士观察邀游秦淮。有日本人井上雅二同舟。

九月，蒋绍由邀集扫叶楼作重阳。

游侯府废园，看古桧。旧为张靖逆侯宅。嘉庆时张叔未来居，名其园曰安园。袁香亭亦寓于是。今已归张幼樵编修矣。

十一月，复与司马晴翁、濮青叟、秦伯虞、朱豫生作五老消寒会于倦游归卧之室。

编金陵《南朝佛寺考》。

与伯虞校刊《金陵词选》。

翁铁樵太夫人病终。以联挽之云："冬月虑囚，不疑母闻平反而喜；春晖系念，贞曜子伤报答无从。"

光绪二十七年辛丑，六十五岁

二月，江水清五日。又黄雾大风四日。

王鹿峰太尊延主奎光讲席，课诸童诗赋。又就吴鉴泉观察南城外机器局课文馆，月六次赴塾。午节后解散。

四月，麦大熟。

五月，大雨五日，寒如深秋。城中低处水及半扉。秦淮两岸皆没，舟行陆地。滨江圩尽破，尸骸蔽江，下水臭不可食。

六月，米价陡贵，官设五城平粜局。

入南局襄办平粜，在江宁府署，时摄府事者未入官廨也。登廨后曾文正公所筑观星台。未几，移局白衣庵。七月止。

官设江南派办处，行新政。

七月，三儿诒寿自新宁回。遣四儿诒谋入赘于长沙汪氏寓所，紫函表弟女也。

八月十四日，继室赵孺人病终。予以联挽之曰："鹣鸟宿缘深，终须百岁同归，此日泉台原暂别；鲽鱼长夜醒，每忆卅年琐事，秋风落叶总伤神。"

十月，葬孺人于古林之原。

编译官书局开，延予为分纂。纂成《孝弟图说》一百条，《礼经初编》二册，《江宁地形考》一册，《江宁先正言行录》四卷，《格言类证》四卷，选《古文初编》四卷。

学院两次案临。春日经塾入学者十二人，洪乃文、叶宝和、叶文林、周良熙、万汝珍、李勋、陈振鹏、陈宗炎、王世松、宋维宝、骆钟麐及侄诒庆也。秋日五人，文学、吕延平、王濮、汪埰、黄煃元。

开办铺房烟膏捐。

王鹿峰总办延入局,备顾问。逾三月辞去。

废钟山、文正、惜阴、奎光四书院。罢八股、诗赋。尊经、凤池改名校士馆。策试四书经义、策论。城中创立省、府、县三学堂。

十二月,奉府尊照会,延为县学堂正教习。

郑镜潭妹丈病没。挽之以联云:"前年已丧阿兄,同兹泪目难干,未终养白头老母;地下若逢吾妹,料得此心可慰,幸抚成黄口诸雏。"

又代诸孝廉挽李文忠公云:"枢府运筹,有大略能通四夷事;儒林戴德,诣太常令与上计偕。"

刊刻《金陵通传》。

光绪二十八年壬寅,六十六岁

正月,泛舟过燕子矶,游栖霞山。还,登静海寺三宿岩。

二月,蒙儿赴湘。

三月,与孙绍筠、田子云泛后湖,历三洲,登墩子山。

四月,绍良弟邀游滁州。

初十日,渡江,泊浦子口,旋起碇过朱家山河,晚宿张家湾。

十一日,大雨,风逆,晚宿乌衣镇。

十二日,晴,巳刻抵滁城,入卫署。饭毕,出西门,遥玩丰山,掬紫薇泉饮之。遂至丰乐亭,谒欧阳永叔及王阳明二栗主。顺诣西涧野渡桥观瀑。

十二[三]日,游醉翁亭。过玻璃沼。因入琅玡山,至开化寺,玩濯缨泉,寻归云洞,踏月归署。

十四日,买舟南旋,夜泊汉河集。十五日,抵家。

六月,初三日,孙女藕姑生,蒃出。

八月,初七日,次孙湘官生,芰出。

刘雨生同年自广东作令,罢归,没于上海。以联挽之云:"讲院细论文,长我十年,蕊榜居然陪骥尾;归途轻载石,望君千里,梓乡空自返鹃魂。"

又弟子戴湜居近方山,其父没,以联挽之云:"郊外闲居,招隐曾吟丛桂句;席间函丈,传经新废蓼莪篇。"

十一月,赁龙蟠里小学堂侧屋为休息舍。

纳樊姬楚云。

十二月,初四日,开办小学堂,行入学礼。辞编译官书局分纂事。

是岁,五月,开济兵轮炸裂于龙江中流。十二月,下关地陷入江数十丈,伤人无算。

光绪二十九年癸卯,六十七岁

正月,下关又陷地数丈。日出入时,红光亘天。

二月,张南皮尚书设两江学务处。

委充学务处参议。

三月,游灵谷寺,观龙池、观音阁,玩水晶屏,紫霞洞看瀑布,及问法洞、明孝陵诸处。

四月,游城西金陵寺、古林庵、听潮庵,登石头城望江。

寻全福巷方氏藿甘园废址。

是月，回居红土桥本宅，每日至学堂办事。

六月，泛元武湖，穿荷花最深处。

吴氏半青草堂新筑楼榭。徐积余观察邀集同人于此，为缪筱珊学士寿。

秋日学使按临，经塾入泮者七人，李经邦、兰芬、刘庆昌、黄尔昌、杨宝琛、周晋修、朱源。设崇义学堂，与秦伯虞分主讲席。次年罢。

李香园方伯有棻谢任，倾城饯送。予亦同至仪凤门外。

九月，秦荫棠年丈自六安致仕归，约作登高会，未及期而没。以联挽之云："笃老竟生还，十载宦成，饲鹤犹留当日俸；经旬俄死别，重阳约在，持螯愁对早霜天。"

又挽张幼樵京卿云："伤哉！台省竟无人，直谏当官，犹忆西京传汲黯；久矣，公卿不下士，高轩过我，幸从北斗识昌黎。"

九日，祝孙恭人寿云："桃实三千年一熟；菊花重九日齐开。"

合城病疫，无死者。大有年。

十月，后湖观渔，还，游香林寺。

十二月，南洋官报局延充帮总纂。

校宋洪忠宣、文安、文惠、文敏四公年谱，洪幼琴直刺所托也。

岁除，制小学堂楹联云："天际耸钟山，龙气郁蟠，毓秀开文明世界；人才储小学，驹阴珍惜，养蒙得圣道阶梯。"又门联云："庠序追三代；衣冠盛六朝。"

又为龚铭三寓题联云："人称蛛隐；地近龙蟠。"

光绪三十年甲辰，六十八岁

《金陵通传》刊成。

六月，与伯虞、豫生泛秦淮，遇雨。二更月出，移棹青溪曲处。

十月，学使按临，经塾入泮者五人，朱英、周春官、张邦铭、王邦杰、柳长新。

皇太后万寿。端尚书宴中外官绅于两江师范学堂，予亦与焉。

十二月，樊姬生女，名稊姑。

改筑养和轩，拓屋为船式。

与郭少亭、濮青叟、司马晴江、梅景韩、朱豫生、秦伯虞、季克之、杨爵臣作九老消寒会。

郭母朱宜人八十三龄寿终。以联挽之云："随诸宾庆设帨良辰，每十二月中旬，登华堂手进兕觥，齐展鲁诗歌母寿；与吾妹同彻悬忌日，从廿四年以后，在泉路躬迎鹤驭，重绣佛曲赞姑恩。"

又江宁节孝祠楹联云："抱竹箭松筠之节，矢死靡他，天语荷褒嘉，绰楔常新，史笔修成黎阁传；秉钟山淮水之灵，笃生非偶，壶仪垂久远，馨香永奉，神弦谱入柏舟诗。"

岁暮，解官报局事。

光绪三十一年乙巳，六十九岁

改各学堂员司名目。

予以县学堂总教习正名堂长。

三月，游西山宝林寺。遂过古林庵，一路倚堞循行，外望江帆，内俯林壑，忘其在城中也。

凤生弟自新宁解任，回长沙。予往视之。

四月二十日，申刻至下关救生局，宿于红船。

二十一日，晨起，茗饮第一楼，旋赴招商局码头。午刻，上江永轮船，至芜湖，天已晚。五更闻喧嚣声，则过大通镇矣。

二十二日，巳刻，至安庆，旋过小姑山，夜抵九江。

二十三日，午刻过黄州，二更后泊汉口。

二十四日，茗饮一品香茶园，遂至洋街一玩。晚，上昌和轮船。

二十五日，黎明开行，午刻过陆口，晚泊擂鼓台，因风雨不敢行。

二十六日，辰刻始抵岳州，小住马家湾厘卡。申刻往游岳王宫，后有吕仙亭，地势极高，颇惬登眺。

二十七日，游岳阳楼。楼临湖，面君山，杳霭近在眉睫之间。旁为仙人旧馆，上即三醉亭，祀吕仙。予为题一联云："尘俗累人，酣醉未能骑鹤去；笠裘老我，坐观徒有羡鱼情。"

二十八日，入岳州城，至电报局，观打电机器。

二十九日，游小乔墓。墓上有女贞一树，亭亭如塔。复登岳阳楼。过长沙公所，中有适楼，轩窗四启，风景不减岳阳楼也。

三十日,拟游君山,风雨不果,乃入洞庭君庙一玩。晚,上津通轮船。

五月初一日,渡洞庭湖,九十里至沈沙港,汨罗江入湘处也。又六十里过湘阴,晚泊靖港。

初二日,巳刻抵长沙,住小东街凤弟寓。午后访汪紫函及杨氏兄弟。

初三日,杨卿望来,同游左文襄公祠,中有隆园,地不甚大,而有一重一掩之妙。

初四日,访王伯平,不遇。知其督修天心阁,于是日落成也。

初五日,汪紫函来,同游贾太傅祠。因登城望湘江,龙舟未见,忽雷电交作,匆匆返寓。

初六日,雨,未出。

初七日,仍雨,湘水涨入西门。

初八日,晴,杨弼臣来,午后同游定王台。王为汉景帝庶子,封于长沙,以奉母唐姬极孝,故名园曰蓼园也。

初九日,游曾文正公祠。中有浩园,地以水胜,而树石间之,颇极爽朗。

初十日,凤弟与汪、杨诸君订游岳麓之约。

十一日,晨渡湘江,寻幽览胜,竟日乃返。山凡三折。下为岳麓书院,今改学堂,惟大成殿岿然独存,一圣四配,皆系塑像。曲阜而外,兹为创睹。中为万寿寺。由爱晚亭拾级而上,枫虽未丹,亦有蔚然深秀之致。上为云麓宫,极高一亭,榜曰"望湘"。左江右湖,帆樯栉比,巨观也。予得"一江吞梦泽,三教共名山"二句,觉情景会合,非他处所能移用,因书以为楹联焉。

十二日，诣蒙养院，旧粮道署也。东洋保姆率诸童游戏，外国教育，如是而已。旋玩坡子街市肆而归。

十三日，出北门，至吊桥口关侯庙小憩。相传侯讨韩玄时驻马处。三里抵开福寺，唐时所建，规模宏敞。旁有新河，马氏所开碧浪湖之一角也。入城，观明德学堂，地为周军门达武花园。石榭水亭，结构颇雅。

十四日，在寓未出。

十五日，宴集天心阁。阁居南、东门之交，高踞天半，岳麓、湘江，均归一览。旁有炮台，江忠烈遗垒在焉。

十六日，诣荷花池。中兴诸将祠皆萃于是，令人慕楚材之盛焉。过忠裔学堂小憩，旋赴汪宅辞行。戌刻，上萍利轮船。

十七日，发长沙。一百二十里泊白鱼圻。风大，不敢渡湖，而夜月甚皎。

十八日，五更行，六十里至鹿角。午后过湖，风愈大，六十里至岳州南津港，登岸，入厘局小休。

十九日，晡，沅江商轮来，坐划船急上，旋过城陵矶，夜至宝塔洲小泊。

二十日，黎明过金口。巳刻至汉口。上长江吉和轮船，亥刻开行。

二十一日，晨过蕲州，巳刻过九江，望庐山苍翠欲滴。舟行甚速。

二十二日，辰刻即抵下关。是行也，往返五千余里，凡阅一月有二日云。

是月，大媳秦氏病没。

俄舰袭日本,入中国洋,沿海戒严。旋覆没于对马岛,乃解。

自五月至八月,炎热异常。入秋多风雷,而暑不退。江海潮水泛滥为灾。

诏罢科举。

改崇文经塾为崇粹学堂,仍充校长。

刊《金陵通纪》。

鸡鸣寺新建豁蒙楼。秋日往游。

十月,诒绂续娶俞氏。

宴扫叶楼。集一联云:"危楼高百尺;落叶满空山。"

又周玉山制府冬至前三日寿,代拟一联云:"召康公以耆年分陕;鲁太史先三日书云。"

筑蟠园于西郊,种树千余株。

光绪三十二年丙午,七十岁

以凤弟官加级,请三品封典。予得貤封如例。

三月,孙女莪姑生_{寿出}。

稊女丧。

顾石公病没。以联挽之云:"老屋近藤香,重席虽空,旧游每忆论文乐;新堂寻柳荫,半杯相属,永诀偏留小酌缘。"

又挽汪仲伊云:"猿剑本通仙,红尘竟乏长生术;龙门同御李,白首偏为后死人。"

闰四月,游灵谷寺,过紫霞洞观瀑。

雨泛秦淮,听王耀先弹琴。

五月,恒雨,低处皆水。官设平粜局。

八月,学、商界庆贺立宪,立[举]国若狂。

县学堂办毕业,举行领文凭礼。

十一月,雷。

光绪三十三年丁未,七十一岁

正月,孙女灯姑生_{绂出}。二月柳姑生_{德出}。

三月,樊姬生茶女。

是月,游西山,过听潮庵,长江帆影近接几席。

四月,泛江,游三台洞。

九月,过明故宫,登半山寺后山。

从子诒庆以附生考取巡检。

《金陵通纪》刊成。接刻《可园文存》。

宁沪铁路造至下关。又开金川门,引支路入城。

将筑藏书楼于龙蟠里,移县学堂于马府街以让之。

光绪三十四年戊申,七十二岁

正月,卸县学堂事,改为名誉堂长。以本堂毕业劳,保候选知县。

二月,凤弟解官回里,住全福巷新宅。

郭少亭八十寿,集联送之云:"廿四考中书,富贵寿考;二千石官长,纪纲人伦。"

又挽周健堂联云:"芙蓉列油幕,北去南旋,几经驷马奔驰,到处诸侯争倒屐;棣萼仰高楼,伯摧仲折,听到鹡鸰声急,那堪介弟痛沾巾。"

挽秦伯虞联云："家国伤心，一暝不复视；文章复古，此后无与谈。"

挽孙勉斋联云："庾幕冷芙蓉，念频年筹笔宣劳，辉分官烛；陶庐对松菊，怅此日修文赴召，声断邻春。"

八月，樊姬暴亡。九月，荼女殇。

是月，二十三日，泛江。游永济寺，坐佛楼小憩，旋登舟。

二十四日，泊金山。入江天寺，历法海洞，登迎江塔，访方丈，观东坡玉带及周南仲鼎、隋开皇碑。旋陟妙高台，至游堂而出。

二十五日，茗饮京江第一楼，舟泊北固山下。游甘露寺，仰李卫公半截铁塔，前数年为雷击其半也。遂陟多景楼，迎江亭凭虚独立，眼界豁然。转入石帆楼别墅，曲径通幽，自饶逸趣。午后，乘流至焦山。先游自然庵，玩龙卵，圆如球，以竹盘承之。遂过松寥阁，观吴琚《心经》残拓。俯槛看江，形神俱爽。旋入定慧寺方丈，遍阅周、汉二鼎、杨文襄玉带、杨忠愍墨迹及乾隆荡平台湾图。因陟枕江阁，出览《瘗鹤铭》及各石刻，由人胜坊循栈道岩，穿三诏洞，上观音崖，坐夕照楼。下至汉隐庵、仰止轩，玩四石，大如鸭卵，一为老人观书，一为高士策杖，一为雀舫，一为梅花，神采毕肖，奇品也。随诣水晶庵，看梅斑枝角鹿四，鹳鹤二。日晡，归舟。夜溯流至镇江西门。

二十六日，巳刻，坐火轮车，午后抵下关。晡至家。

洪幼琴太守延纂其尊人琴西先生年谱，一年告成。

十一月，孙女线姑生_{缓出}。

丁礼民复兴具并社会。

宣统元年己酉，七十三岁

正月，游暨南学堂，妙相庵旧址也。清池古木，尚有可观。

闰二月，游鸡鸣寺、北极阁。

是月，图书馆派充典籍员。

三月，过竹居，看牡丹。

十三日，坐火车至苏州。

十四日，买舟游天平山、范坟、支硎山、西园戒幢寺。

十四[五]日，游虎丘，玩留园。晚乘火车至镇江。

十五[六]日，游竹林寺，鹤林废寺，访米元章墓。晚，抵家。

十六日，孙夏官生_{德出}，三岁殇。

二十七日，游三牌楼公园，见有孔雀、仙鹤、虎、鹿、洋花各动植物。

是月，龚氏女以产厄亡。

四月，游袁氏新筑絜漪园，在三元巷濮青曳故居也。水木清华，堂榭参错，惜少山石楼阁耳。

二十九日，孙水官生_{寿出}。

五月，大雨经旬，低洼处皆上水。

六、七两月，酷暑。

新开丰润门于神策、太平之间，以通后湖。

《可园文存》刊成。续刻《物产志》《六朝梵刹志》及《诗存》。

后园编篱、筑亭,建曲台以望钟山。

邓熙之病没。挽以联云:"能诗康乐,梦草留题,展遗集八斗分才,共仰乌衣门第贵;多病维摩,拈花示寂,问同社几人无恙,最伤白发友朋稀。"

与季克之、梅景韩、高柳溪、甘东甫诸老友作茶会。

八月二十六日,游宝华山。由龙潭往,一路泉声山色,洗涤尘襟。入山,抵八角亭,足力乏,肩舆入慧居寺。遇雨,归途景致愈佳。坐火车抵家,已三更矣。

凤弟筑新宅于西州桥北,为拟一门联云:"世应凤鸣瑞;家居乌榜村。"

重编《养酥轩随笔》。

十一月,二十五日,雷雨。二十七日,亥刻地震。

设金陵出品协会于城隍庙。

宣统二年庚戌,七十四岁

正月,移出品会于韬园。

是月,与铭三、稻儿、和孙游静海寺后三宿岩。新建望江亭、朝月楼。归,过公园。

二月,大雷雨三日,旋大雪,平地尺余,奇寒。饥民劫米。

改编译官书局为江苏通志局。

四月,通志局延充总校兼分纂。

是月,凤弟移居汉西门新宅。

四城设平粜局。

开南洋劝业大会。

长星见。

五月，与郑仲耆出丰润门，由堤路至麟趾洲湖神庙，小憩。坐瓜皮船，五里抵鸡鸣埭。旧时莲荡，花叶全无，唯菱芡茭菭满湖错杂而已。遂入太平门而归。

六月初四日，大雨雷电以风。劝业会茶社及动物院屋圮，压伤多人，死一人。

是月，挈稻儿及诸孙游劝业会。先览暨南、浙江、山西馆，至万品馨楼午饭。复诣四川馆、东三省动物院、湖北馆，竹楼茗饮。再观美术、工艺、教育三馆，至挹翠楼。晚饭后玩电灯，坐竹林许久，踏月归。

八月，再观劝业会场。

九月，初二日，挈稻儿及周、郑二甥至苏州。

初三，晨坐拖船至嘉兴，登岸，立鸳鸯湖边，望烟雨楼。旋上快车，戌刻至浙江[杭州]清泰门，入城。

初四，出涌金门，坐瓜皮艇泛湖，游三潭印月，观荷花池。石板架水，曲折至亭。入彭刚直退省庵。遂至高庄，有藏山阁。入吴女士洋房，登小万柳堂、塔影楼。谒岳坟。至孤山放鹤亭，时已夕阳，穿锦带桥归。

初五，肩舆出清波门，过净慈寺，于忠肃坟，三天竺、中天竺、上天竺，飞来峰，灵隐、韬光二寺，冷泉、壑雷二亭，玉泉观鱼。过李文忠祠，凤林寺，玉佛寺，苏堤，跨虹桥，入涌金门。

初六寄园茗饮，买舟游水竹居，湖心亭，行宫，文澜阁，蒋果敏祠、有数峰阁、柏堂。午后游平湖秋月，柳浪闻莺，刘公、白公、苏公、陆公、钱王、三忠各祠，诂经精舍。

初七肩舆游南高峰,石屋洞,烟霞洞,苏龛,吸江亭,理安寺,云栖寺,六和塔,同化寺,虎跑寺。

初八,游城隍山,午后湖边茗饮。

初九,晨出杭州清泰门,登火车,由嘉兴至上海,时已未刻。晚游街市,买书。

初十,早发上海,酉刻至下关,晚,抵家。

是月,游张氏安园,观古桧。

三次玩观业会场。以电梯升纪念塔,自下而上,并不自觉。遂游公园,观菊花山。

是岁,作张炳垣先生祠联云:"作师耳目,翦贼爪牙;壮我须眉,报公血食。"

寿司马晴江夫人夏至日八十联云:"鸿案眉齐,皋桥偕隐;鹿仙角解,千岁长生。"

挽司马晴江联云:"彭泽归来已逾十载;香山社会又少一人。"

挽夏幼威丈联云:"窦家桂树,有五子齐芳,昌德门而寿迈古稀,奈逢太岁占鸡,遥望燕山归素旐;阮氏竹林,与七贤抗手,论中表则班同犹子,空剩名流画象,难从洛下续清游。"

挽柳翼楳母夫人鲍氏联云:"鲍令晖赋茗成词,学为女师,遗徽自合书银管;柳氏母和丸茹苦,教垂圣善,有子于今贡玉堂。"

除夕,大雷雨。

宣统三年辛亥，七十五岁

予入学六十年。同学禀请李梅庵瑞清学使，蒙赠以"芹藻长春"匾额。

京师图书馆来征所著书。

刊《炳烛里谈》。

五月，端一生绂出。

夏游后湖，泛舟荷花荡中，坐湖神庙楼看雨。

夏秋之交，大雨连日，江水并涨。城中大半上水，行路不通。

八月，偕郑伯英、朱芝田同举重游泮宫之典。与丁礼民、陆安山两学官相见于棂星门下，延入冶山学舍，作耆英会。与者凡十三人。

是月，革命党起义于湖北武昌，远近皆响应。

十月，联军攻江宁。总督以下皆弃城走，金陵遂归民国焉。

自此以后，予所办图书馆、通志局、崇粹学堂皆罢。目力渐昏，可以闭户养疴矣。

是岁，挽李亚白联云："两地订神交，缟带纻衣，郑子产浑如旧相识；衰年闻噩耗，素车白马，范巨卿竟不克亲来。"

挽周阆仙甥联云："返桑梓乡，入学官弟子籍，可谓尤宗；当乱离世，归上界兜率天，是为有福。"

挽季克之联云："沪渎归来慰首丘志；冶山高会失领袖人。"

壬子年，七十六岁

八月，病疟，三日愈。目盲，几不见物。尝命儿子诒绂、孙祖同侍读，藉以消遣。

作《瞽说》。

自撰墓志。

癸丑年，七十七岁

正月，目渐复明。每日读黄山谷诗数首，写大字一张，作笔记一条。

挽郑伯英广文继杰联云："宾筵作戒，将近九旬，大小雅材诗句健；洛社同游，又弱一个，春秋佳日酒杯寒。"

弟子句容杨芷香世沅官内阁侍读，病没。挽之以联云："吾门有颜回，可供地下修文职；故山葬贞白，应立前朝侍读碑。"

具并、老人二会，丁礼民合而为一。予仍与之游。

挽朱豫生联云："交游五十载，序雁相依，最难忘轼辙科名，棠棣连翩双树艳；兄事几何人，骑鲸先去，况话到朱陈亲谊，杏花残剩一枝香。"

四月，阅《孔子家语》。

六月，黄兴率革命党独立半月，消去。

七月，何海鸣又独立。

八月，张勋以北军入城，大掠。详载后《癸丑所见录》。

同人多避兵远去。具并会遂散。

八月，阅《通鉴》。

编辑《历代遗民传》。

甲寅年，七十八岁

安品街设西园茶社。因地近，尝与亲友茗饮其中。

挽丁礼民教授立中联云："牺爻占硕果，公真锡纯嘏于天，桐帽棕鞋，高蹈合登遗老传；牛耳执骚坛，我曾预耆英之会，诗瓢酒盏，凄凉怕展冶山图。"

六月，稻儿赴广东。

九月，孙祖同娶陆氏。潇孙生谋出。

十一月，蓉孙女适周德官。端一殇。

乙卯年，七十九岁

人日，作挑菜会于扫叶楼。

四月，稻儿自广东回。

蒋生国榜为其母筑寿菱堂，来求文。应以一联云："芝泥灿五色，绰楔标题，凭寸草以报母慈，上承温綍溥零露；松操励百年，冈陵同寿，仰乔木而怀祖德，北望钟山生瑞云。"

阅黄山谷诗。

选金陵国朝七绝句一千首，每日以九宫格书之。

丙辰年，八十岁

四月，八十生辰，作自寿诗五排八十韵。耄孙生谋生。《寿藻堂杂存》印成。

五月，龙官生绂出。曾孙女鸾姑生同出。

编葺诗话。

挽丁秀夫妻刘孺人联云："四世庆同堂，抱子弄孙，伯鸾妇无兹厚福;百年如过客,生劳死息,梦蝶叟宜作达观。"

挽宗子岱母联云:"柳公绰出典方州,子舍宽闲,母夫人熊丸助读;聊曼父居邻防墓,佳城葱郁,貌诸孤马鬣增封。"

挽周玉衡联云:"婚嫁累,丧葬费,衣食奔驰,叹频年贫病磨人,生趣几何,斗水难滋车鲋涸;图书馆,通志局,尊经讲院,想尔日往来并辔,旧游如昨,盍山怕觅爪鸿痕。"

八月,孙祖同入上海工业学校。

十二月,苻孙女适周齐祎。

丁巳年,八十一岁

寿林稚梅观察志道联云:"鹤梅小隐神仙眷;鼍笋同登介寿筵。"

挽茅子贞大令谦联云:"嗜哲学家言,艺林分派;承神仙世系,华洞归真。"

挽张韬楼观察士珩联云:"卅年前同侍绛帷,座满春风,兰簿自惭驹齿长;千里外遥瞻素旒,魂归夜月,竹居定有鹤飞来。"

十月,龙官殇。

自订丧事节略。

戊午年,八十二岁

稻儿受江苏通志局宁属分纂之聘。

三月,菊孙女适方承组。

五月,曾孙女凰姑生同出。

八月，大孙祖同入北京大学。

《寿藻堂文集》印成。

己未年，八十三岁

受京师晚晴簃诗社之聘。

挽丁秀夫母夫人联云："御翟莪五十年，内助持家，黾勉不忘阴雨感；云燕京三千里，遄归侍疾，呼号得遂望云心。"

《寿藻堂诗集》印成。稻儿续编《金陵琐志二种》《续金陵通传》刊成。

庚申年，八十四岁 以下诒绂谨补

续纂《同治上江两县志》，公推予为总纂，稻儿任分纂事。

《可园诗话》印成。

正月二十三日，酉刻弃养。

凤叟八十年经历图记

南京稀见文献丛刊

（清末民国）陈作仪 绘撰

点校 薛 冰

南京出版传媒集团
南京出版社

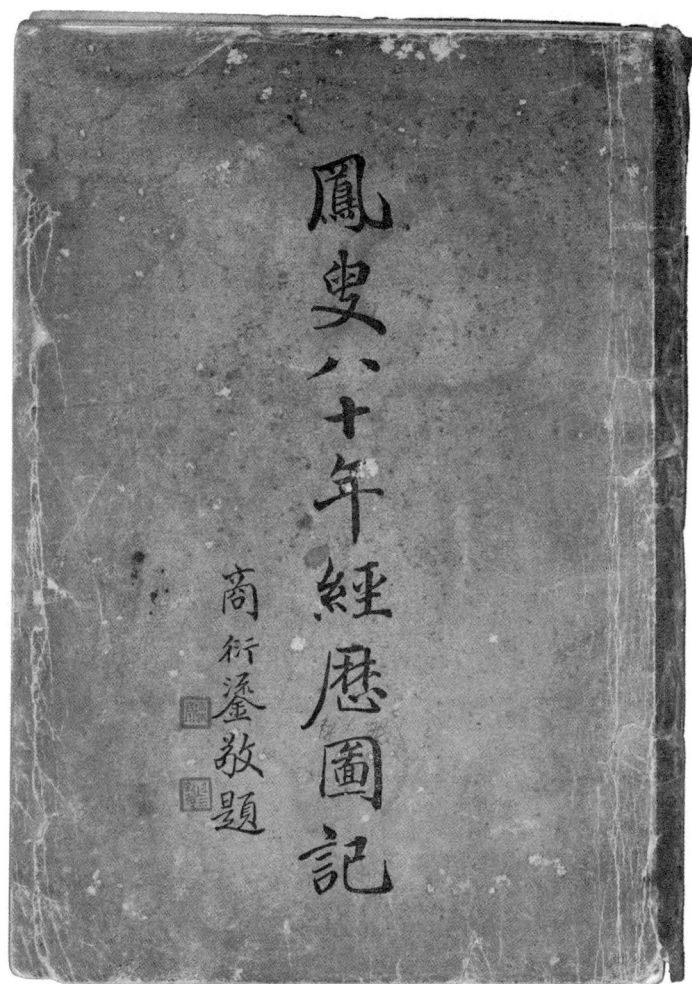

《凤叟八十年经历图记》书影

《凤叟八十年经历图记》书影

乌榜村农传

乌榜村农，不知何许人。少时读韩翃《送冷朝阳还金陵旧宅诗》："落日澄江乌榜外，秋风疏柳白门前。桥通小市家林近，山带平湖野寺连。"心为羡之，欲卜居其地，因贫未果。少壮为有司征聘去，之浙之湘，日则裹粮作山水游，夜则秉烛治官书，每至达旦始寝。光绪末造，属行新政，天下骚然。乞身归里，尽出余俸，筑室于乌榜村旁，莳花种树，躬自经营，遂自号乌榜村农，酬素愿也。由是杜绝交游，不与尘事。性嗜酒，而嗜茗更甚于酒，蓄雨水十余瓮，每日炽火煮茗以为乐。目瞽而复明，年七十神志弗衰，灯下犹能作细字书。尝偕二三村邻，携杖徜徉于龙蟠虎踞之间，途中人见之，以为神仙不啻焉。

赞曰：陶靖节诗云"投冠归旧墟，不为好爵萦"，又云"高操非所攀，深得固穷节"，迹其生平所遭之境，殆与晋贤同出一辙欤。

乙丑夏日

119

陈逸园先生传

愚表弟夏仁沂拜撰

　　岁甲戌秋九月三日,江宁陈逸园先生殁于西城。里弟子往吊之。其犹子诒绂曰:"叔父遗命,不立嗣,不用哀启,不作行状。诒绂不敢违。顾叔父一生政绩行谊,非无可纪。长者曾任史秩,请为立传,以垂不朽。"予唯唯。

　　予与先生中表兄弟,又受业于先生伯兄,即世称可园先生,讳作霖,《清史》列《儒林传》,同时与先生以元方、季方见称者也。先生讳作仪,号凤生,一号凤叟,逸园其所居宅,人称逸园先生,犹夫称可园也。曾祖讳授,清增生,以善行祀乡贤祠,诰赠中宪大夫。祖讳维垣,嘉庆己卯进士,内阁中书,诰赠通议大夫。父讳元恒,同治丁卯举人,东台县学教谕,诰赠通议大夫。先生为教谕公仲子,生于安徽凤阳府城西街。时全家转徙避兵,乱定始返金陵。幼承庭训,并以制艺就正伯兄。中间曾一度有辍学之议,乡贤公示梦中止。既入庠食饩,举光绪戊子乡试,庚寅进士出身,以知县分发湖南,以亲老改浙江省,充辛卯科浙闱同考试官,所荐多知名士。查办海宁塘工,釐剔浮滥,数至钜万,上峰嘉之。委办天津海运,顺道乞假省亲。自壬辰至乙未,教谕公暨李太淑人先后弃养,先生丁忧家居,经营葬事,编订家谱。

服阕，赴湖南原省委醴陵厘金差。值北京拳乱，萍乡匪警，于风鹤中力持镇定，税收激增。时已请补新宁县缺。新宁为湖南边疆，与广西毗连，民、瑶杂居，号称难治。适有广西土匪勾结县匪，借典铺失慎，索赔围署，逼走前任县官。先生奉檄驰往，密获匪首，讯实正法。于距城四十里与广西交界，山深林密之窖上关，设卡稽巡。又严定保甲章程，编查户口，匪徒敛迹。该县本淮盐引地，粤盐侵销，省设官运局收买粤盐，一日盐船集至二百八十余艘，船户聚至一二千人，委员既不收买，亦不放行，激成船户毁局、盐勇开枪之变。先生闻警往，先救委员出险，即锁带盐勇，检验死伤，解散船户，释放盐船，仍密将盐船之牌号、盐斤暨为首滋事之船户查明诱获。省府查办，悉如先生所拟，有举重若轻之奖。在任四年，如清讼狱、编团防、禁种烟、兴水利、实仓储、修衢路、设工厂、恤羁囚、收土枪、改棉种、裁胥役、息赌风，一切善政，无弗备举，而尤以创设学堂为各县最。甲辰柳州之乱，先生已扼要布防。有某军门督队经过，声势张甚，先生以其隶属部民，未予郊迎，致有触怒，因上书乞退。虽慰留，弗顾也。既得请回省，抚院面加奖慰，旋委署龙阳县事。

先生之治龙阳，一如其治新宁，入境问民疾苦，访有巨贼与衙役通，莅任即捕除之。县署为奸蠹把持，案积如山，逐日理结，尽祛蒙翳。仍效新宁，筹肉捐以兴学，增设师范学堂。县境滨湖患潦，又大风雨，冲毁堤障，亲往各处查勘督修,日与蛟龙相搏,水气蒸袭,感患湿肿,因病卸职。

病愈,委署安化,地多山矿,产锑砂,矿区多盗。其东坪乡茶市,尤易藏奸。先生会营弹压,查获巨匪,搜出军械甚夥,弭患无形。是年,歉收,米价腾踊,邻县闭粜。县绅请平粜,先生谓价低则米贩裹足,特榜示增价收买,并给护照,令殷实茶商出赀购运,来源大畅,价格骤低。其识见非寻常所及。

时已调补芷江县缺,檄赴本任。先生卸安化即请假修墓,戊申二月归里,与伯兄可园先生聚谈甚欢。人情以久劳之身,即安闲之境,其为乐可知也。先生内行敦笃,事亲孝,事兄敬,待侄甥男女恩礼有加。元配田淑人早故,继配许淑人生男不育,随任殁于官廨。一女名诒淑,琴友夫人所生。先生爱之,教以文学,有伏女之风。赘婿孙为霆,六合世家子,毕业中央大学,充任淮安中学校长。

先生之归也,于西州门内,建宅一区,旁有隙地,构一小园,名曰逸园。逸园有遁世之意,榜其门曰息机,即杜甫所吟"回首风尘甘息机"也。或谓以先生之年、之才力精神,以及历任之声望,宜无退休之理,顾毅然若此,岂时事之不可为耶,地方之不可居耶,人情之不可测耶?先生笑而不答。

归未数年而辛亥革命。又翌年癸丑,兵匪抢掠,逸园之所存者,残花败石而已。先生整理残破,莳花种菜,自号乌榜村农,仿陶渊明之《五柳先生传》,作《乌榜村农传》。岁庚申,可园先生下世,先生块然独处,二三老友消寒消夏,黄公垆畔,时有所触。逸园清寂,惟偕琴友夫人,晴窗作画。先生夙工书画,不轻为人作。花甲后忽患目盲,用西法割治复明,因矢愿写《金经》百册。晚岁自绘《八十年经历图》,皆可珍贵之品。

性恶喧嚣,爱作山水游,每诞辰,必挈眷出游以避客。今年七十九岁,佥谓高年,不宜远游,适逸园中改筑一堂新落成,先生诞辰,觞客于堂,笑谈无倦。诞辰后旬日,竟以微疾怛化。所著有《逸园诗文集》《蚊睫巢笔记》《息庐谈荟》各若干卷,藏于家。

论曰:天下之治,治于县令。县令之治,为术多端,要在去其不良以安其良而已。先生盖得其道,故所莅声誉蜚起。然而天时、地利、人事,或足以限止之。先生毅然勇退,有以也。夫改革后杜门却扫,不预世事,自赞有"东篱秋菊,北山晚菘"之言,可不谓高行欤。可园先生之经术,逸园先生之高行,诚哉,乡里之二难也。

序

在昔谢鲲丘壑，假手于长康，潞国耆年，摹型于郑叟，明皇思蜀，吴生驰驿于嘉陵，贺监还乡，王松记图于渭水。斯并流连境迹，寄托情怀，役丹素以留踪，藉缣缃而写意，征之画苑，可得闻焉。

顾愚以谓，点笔虽工，传神或误，纵乞灵于妙手，恒纰缪于当年。盖登眺之景，在口难言，兴感之机，稍纵已逝。譬诸调羹信美，味讵合于姑嫜，压线徒精，意或违乎贵女。古之传者，其惟辋川摩诘之图、李氏营丘之作乎。至若综合一生，联成百幅，写八十年之梦影，纪三万日之经行，番番鸳锦，尽出心裁，点点鸿泥，皆留爪印，稽之古昔，其事尤难。若凤叟先生自绘之生平经历图，信可珍矣。

先生韦平经学，得自趋庭。轼、辙才名，喧于出峡。太丘之门，积德于累世，季方之誉，踵美于难兄。方其遨翔里巷，驰骤文场，揽六代之兴亡，饮三山之烟水。南朝四百八十寺，不少清游，东坡三万六千觞，非无俊约。豪情啸月，胜概凌云。此一时也。槐街再踏，菊宴旋开，士龙甫出于云间，鸣鹤遂闻于日下。领河阳之春色，拜帝里之恩光。汉代兴贤之典，首重亲民，唐时进士之科，多为剧县。

一行作吏，百里专城，两浙回翔，三湘于役。闻莺柳浪，访六桥湖上之春，宿雁汀沙，渡八月洞庭之水。凡其治迹，并有声闻，荐此儒宗，行为良吏。又一时也。早澹宦情，乐志家巷，蹑云之驾，方发轫而回辕，济川之舟，未翔风而返棹。当古人服政之岁，即先生归隐之年。铁椷水畔，卜许子之一廛，石鼓桥西，开渊明之三径。虽复沧桑再易，朝市俄更，屹若灵光，颓然一老。洛下耆英之会，时复相过，乡邦矜式之资，于焉是寄。当斯时也，棕鞋桐帽，作胜日之佳招，荷露松烟，供晴窗之点笔。成兹钜制，将付珍藏，虽平生不以画名，而余事已堪传世，讵不足增艺苑之嘉谈、开家乘之新式乎。

天不慭遗，斯人遂往，风徽末沫，卷轴常新。仁虎戚联中表，谊切师门，别仅数旬，忽焉千古。感晨星之寥落，望乡树而凄然，泚笔为文，述其梗概。后之览者，拟诸鹿门隐士之夜归，世有迁移，不随麟阁诸贤而并毁。谨序。太岁在甲戌九月既望。

愚表弟夏仁虎顿首拜撰

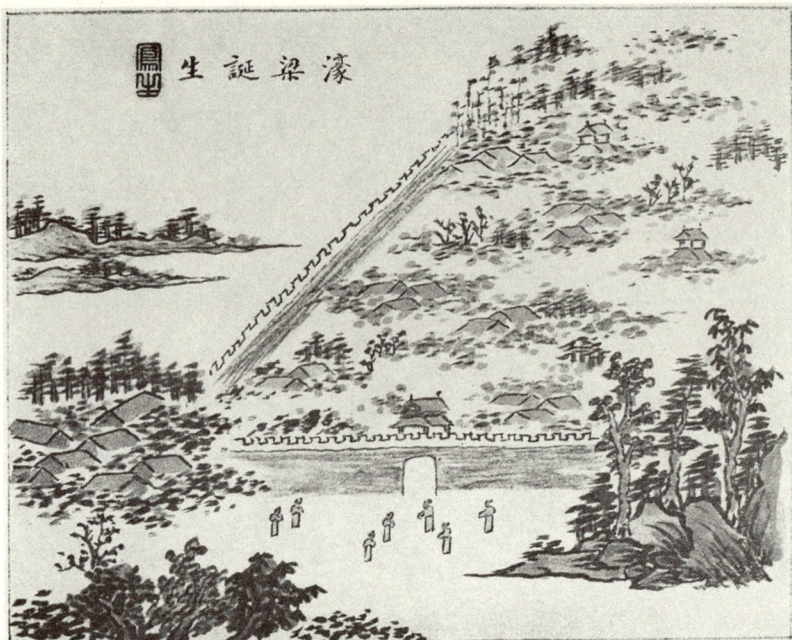

濠梁诞生

咸丰六年丙辰，一岁

凤阳府居《禹贡》扬州之域，天文牛分野，古涂山民国，至明初改中立府，定为中都。后改凤阳府，今因之。山多田少，人民犷悍。当是时，长江一带群贼如毛，吾父奉亲率眷，避兵于此。

余于八月二十一日生于府西街赁宅。祖慈侍下，具庆下。初命名作梁，字濠生，后改今名。

是秋，皖北大旱，赤地千里，易子析骸，所在多有。余生时忽大雨如注，昼夜不止。据子平家言，余八字缺水，以行水运为佳。是雨与余八字颇有关系也。

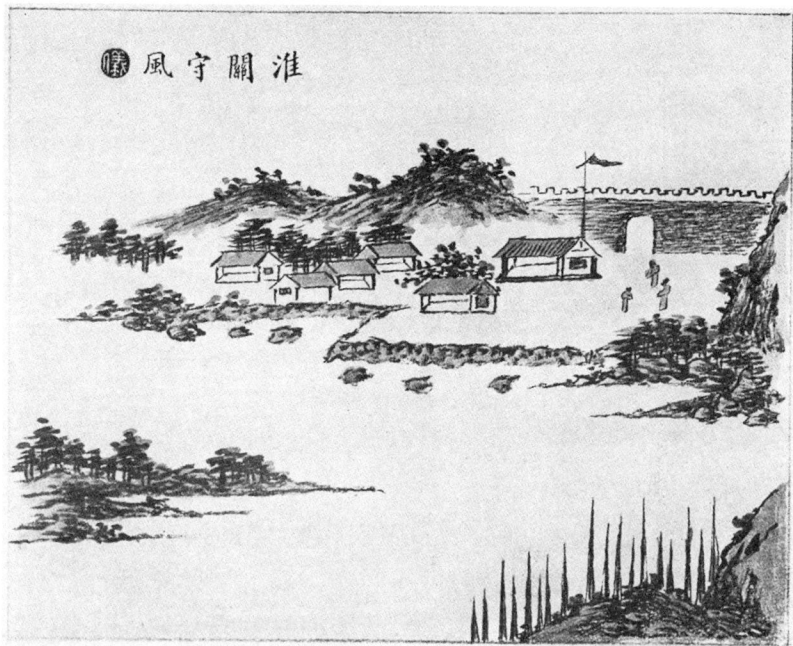

咸丰七年丁巳，二岁

二月，粤、捻各匪合围寿州，凤阳大震。风声鹤唳，一日数惊，移家者踵相接。吾父亦买舟奉亲赴盱眙暂避。道经临淮关，烟雨漫天，舟不能行，守风十日，乃得挂帆而逃。吾兄有诗咏其事云："一军化沙虫，万里传风鹤。家室苦流离，扁舟聊寄托。淮山若留人，烟雨暗北郭。"盖纪实也。

咸丰八年戊午，三岁

　　凤阳距盱眙二百余里。五月，寇陷凤阳，盱眙亦颇危迫。吾父以年年播迁，心颇不愿，以镇静出之。至月杪，忽有邻人来告曰："城外贼队已到，汝犹安居若无事乎？"时吾父亦隐隐闻枪炮声自远而近，于是星夜买舟渡洪泽湖，直达宝应氾水镇之南赵庄，僦居碾屋三间。适周范亭祖姑丈亦避乱来居是处，与之为邻，解衣推食。是岁也，贫而不饥。

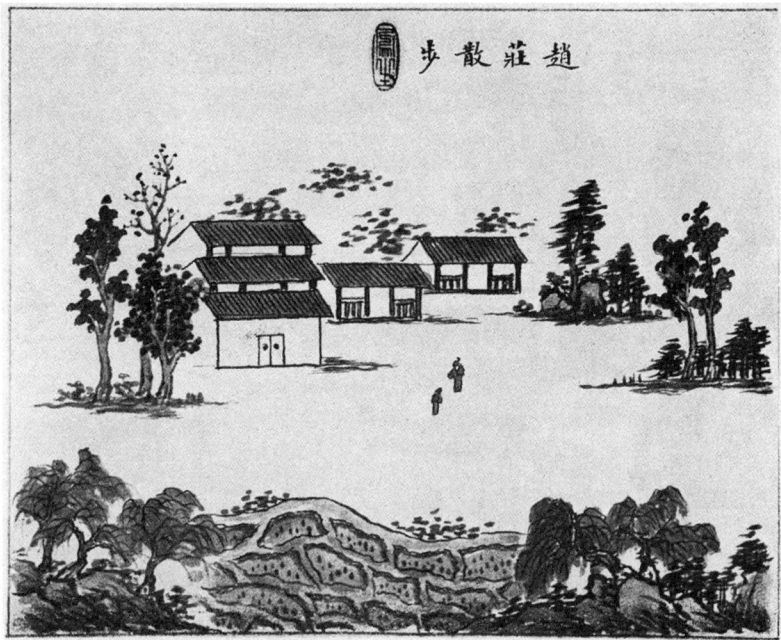

咸丰九年己未，四岁

南赵庄未经兵燹，男恬女嬉，犹是承平景象。余家大门外，树阴覆屋，桃李成蹊，水绕农田，杂以垂柳。每逢夕阳西下时，吾兄尝携余散步场圃间，风景绝佳。迄今七十余年，仿佛犹能记忆焉。

九月十二日，祖母李太淑人弃养。

宇識蒙重

咸丰九［十］年庚申，五岁

吾父馆周宅，教诸表兄读，余随侍焉。并手录《毛诗》及
《千家诗》教余，甫能成诵。一日，祖姑丈来馆中小憩，于窗外
闻余读"采采苯苜"一章，口齿清晰，举止安详，笑语吾父曰：
"此子文学，将来恐不逮乃兄，然功名必超越乃兄上。吾相人
术，百不一失也。"吾父叹曰："处兹乱世，托庇宇下，苟全性命
足矣，犹妄冀功名耶。"余此时童骏未退，不知所云。

咸丰十一年辛酉，六岁

周宅书屋外有方塘一区，面积颇广，而污秽不治。惟塘边隙地甚多，遍植果树，如桃、李、柿、杏、枣、梨之属，所在多有。当夏秋之交，果已成实，散学后与诸表兄用竹竿击树，使之落地，争先夺食。祖姑丈亦尝拄杖来观，相视而笑。诸表兄以余独幼，不与之较，故得多取而饱啖之，且怀归以奉亲焉。

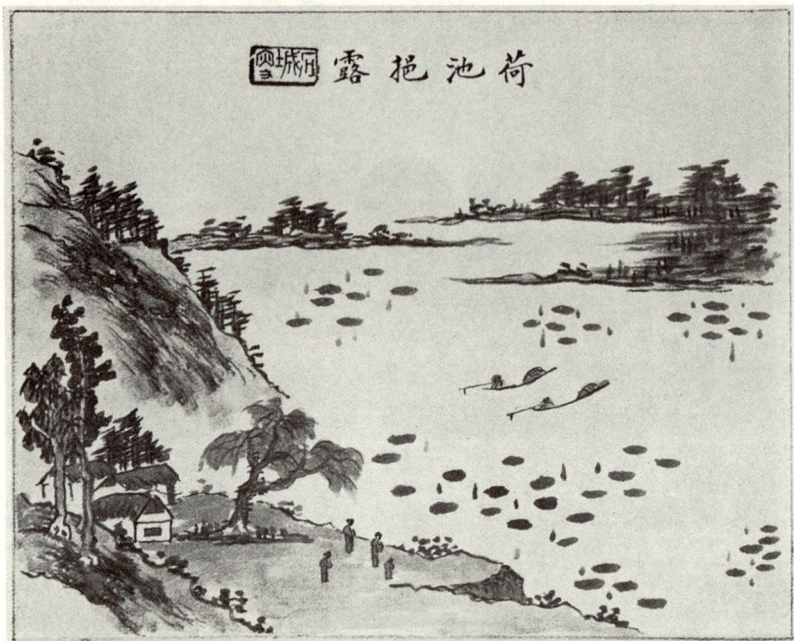

荷池挹露

同治元年壬戌，七岁

先是祖母在日，不令家中人入营谋生，惧蹈危机也。近来生计日窘，日食杂以豆粥，不得已，吾父从军镇江，吾兄亦橐笔戎幕。惟吾母每日课余书数句，或作或辍。

是夏酷暑特甚。距余家不半里有荷池一面，大约十余亩。某日随诸姊侍吾母清晨往游。香风袭衣，殊形凉爽。并见荷叶上圆露如珠，或大或小，摇荡不定。令渔船中人用瓦缶挹露于具中，返家后烹而饮之，亦苦中寻乐也。惜无上品之茗以佐之，未免负此露兼负此花耳。

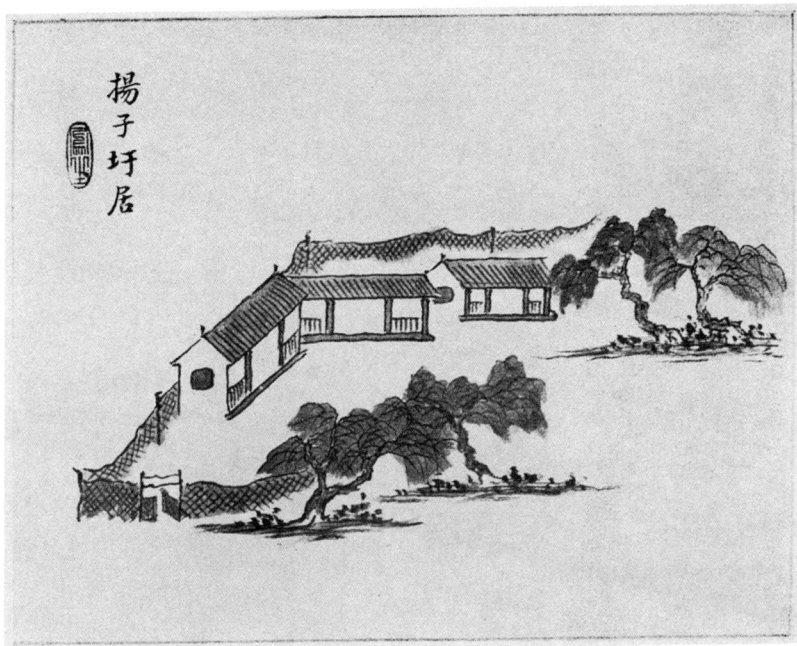

同治二年癸亥，八岁

余大姊丈周浦云为祖姑丈之次孙，是年亦入镇江某营为记室，与吾父商，由汜至镇纤曲难行，拟移居江都乡间，以便往返。旋于四月间，率全眷迁十四圩。大姊亦同居于此，距镇仅一衣带水。营中人返家，坐渔舟径渡，顷刻即至。吾兄有句云："行尽程途三十里，到家未唱午时鸡。"即指此也。是处僻陋无闻，门外垂柳数株，临风摇曳，四面围以竹篱，屋主人亦居篱内，风景亦殊不恶。人心更属纯正，一切乡痞俱出外当兵，几有夜不闭户、路不拾遗之势。惟购食用各物，非至五里外之沙头镇不可得。然乱离之世，亦不以为苦也。

梓里归帆

同治三年甲子，九岁

六月十六日，曾军克复金陵，大难削平，欢腾朝野。

是时吾父仍在镇营。八月间，有相识者自城中出，告以吾家南乾道桥住宅，先为某伪王据为府第，修理完整，彩画一新，可以归矣。吾父旋于镇营凯撤后率眷归里，不料是屋仅余门房三间，余俱被毁。询之邻人，始悉官军访知某伪王居之久，必有藏窖，遂肆意掘之，不得，怒，举火焚之。幸斗门桥老宅犹存，乃暂居后楼三楹。

同治四年乙丑，十岁

吾父设帐于厅事，余随侍焉。《毛诗》读竟，读四子书。

三月，侍吾父省四叔祖母于观音门旗首卫之田庄。距庄房数十武，有寺曰永清，内塑关圣像，素著灵异。嘉庆乙卯科，吾祖中书公暨叔祖观察公计偕北上时祈签处也。迨同榜登第后，大加修缮，以答神庥。至今百余年，复经兵燹，此庙独无恙。吾父率余恭肃行礼毕，次日黎明，出观音门，登燕子矶最高处。其时残月在天，晓烟四起，隔江渔火，掩映两三，真一幅空濛山水图也。回庄早饭后，策蹇归家。

十一月，吾父赴南赵庄，奉祖母灵舆回里，在前新塘与祖父合窆。

同治五年丙寅，十一岁

是年，仍随吾父读，兼读《周易》。

三月，随吾兄游雨花山。出南门，过大小长干古里，约三里许，即梁云光禅师登台说法感天雨花处也。上有泉曰永宁，味极甘冽，世称天下第二泉。山产五色石，斑斓可爱，雨后尤鲜艳夺目。拾之归，以水浸之，可作书案上玩具。他山之石，弗能及也。

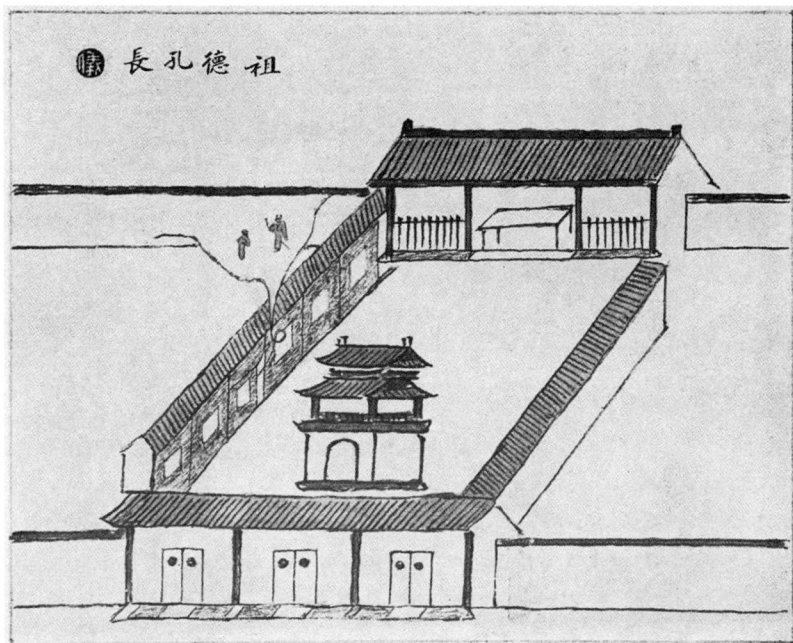

同治六年丁卯，十二岁

仍随吾父读《学》《庸》及《论语》读竟，读《孟子》及《尚书》。

吾父以大难甫平，家境日困，又以余资质愚鲁，未必能绍书香，拟改习商事，以为将来立业之基。屡与吾母商之，迄未定议。是科乡试首场，吾父入闱后，检点考具毕，偶倚风檐，垂帘假寐，梦一老人拄杖而来，谓之曰："我家祖德方长，食报正未有艾，尔以为儒不及商耶？"吾父不敢申辩，蘧然而醒，时明远楼正击三鼓，而题纸下矣。考事毕，时与家人言之，终未知老人为何人。其时夏、张两祖姑均健在，偶谈及此事，详其貌，祖姑泫然曰："此非尔祖中宪公乎！"阖家闻之，俱悚然起敬。及榜发，吾父中式第九十八名，不复言改业之事。

同治七年戊辰，十三岁

正月，吾父航海赴礼部试，四月回。

是年，余《孟子》《尚书》俱读竟。

五月五日，吾父偕陶善之_{嗣元}、龚谦夫_坦两先生游秦淮，携余同往。午后在斗门桥渡船口买舟，打桨而东，越秦淮，直达青溪，招凉于大中桥侧，沽酒小酌。见绿水青山，画船箫鼓，渐复升平景象。惟两岸河房，焚毁殆尽，一时建筑维艰，断垣残瓦，堆积如山。同声浩叹而已。

同治八年己巳，十四岁

六月，随吾兄游妙相庵。在城北薛家巷，地不甚广，而屋宇幽深，亭台掩映，禅房曲折，竹石静嘉，位置得宜，疏落有致。是时正值小池中红莲盛开，夕阳西下，香风袭衣。住持僧月禅上人，戒行颇严，亦非俗物。吾乡各处园林，被贼焚毁无余，惟此庵独存，亦劫后之硕果也。厥后学堂大兴，改作暨南学舍，为华侨所独有，等闲人不易往游焉。

關中局興

同治九年庚午，十五岁

先曾祖石渠公在嘉庆时，见下关草鞋夹[峡]及各险要江面，风波不测，船只往来，常致覆溺，于癸亥年与同人创设救生局，募造红船，选雇水手，冒风巡江，争先抢救，每年活人无算。此吾乡莫大善举也。

咸丰癸丑之变，发逆占据十余年，所有前订章程及局中房产俱无从稽核。幸觅得当年碑文一道，载有详细情形。吾父遂集商杨西华长年、甘健侯元焕、丁星躔有年、谢幼晖学元、陈厚卿开周、叶子寿有年、方子涵培容诸同人，规复旧章，清釐产业，添募捐款，于下关老江口地方，修楼房五楹，是为救生外局。

经营一载，始告厥成，并将旧有楹联，倩人书之，悬于楼上，云："中流沉溺始求援，何如走顺风时，帆休扯足；近水楼台同仰望，切莫立高岸上，膜[漠]不关心。"此联不知为何人所作，正喻夹写，若讽若嘲，足以警世。爰订于二月某日，行落成礼。吾父亦命余兄弟随同前往，供奔走之役。是日，正值大风，波涛汹涌，江中大小船只，岌岌可危。立命红船开出，冒风抢救。不两时许归来，报以江风虽大，各船尚无覆溺之事。同人闻之，莫不额手称庆云云。

此为救生局中兴之始。

同治十年辛未，十六岁

棠芬书屋在斗门桥老宅中，为余祖丰之公未达时读书处也。吾父自上年乡闱得梦之后，辟后楼一间，改为棠芬老屋，督余修业其中，寓有以孙绳祖之意。并严订课程，何时读书，何时作文，何时写字，有余力则学赋、学诗。每日黎明即起，夜读以二更为率。如是者凡三年，而学乃渐进。故吾兄跋吾父所书遗墨云："父兄子弟，自相师友。"即指此也。是年，读《春秋左氏传》，始学为文，并试帖诗及小律诗。吾父手录古文及《文选》，令余读。

菊采篱难

同治十一年壬申，十七岁

《尔雅》读竟。作文之暇，兼阅史鉴。

九月九日，鸡笼山登高。山在太平门内，状似鸡笼，故以
名山。宋元嘉时，雷次宗开馆讲学于此。左有观音阁，素著灵
异。阁旁有施食台，每年三次香会，倾城妇女进香者络绎于
道。西行不半里，有旷观亭，是为山之最高处。凭栏远眺，全
城风景，一览无余。由亭后迤逦而下，吾乡蔡友石先生晚香庄
在焉。是处山农最善艺菊。沿胥家大塘而过，纵横数十亩，半
作菊田。十色五光，炫人眉睫。余解囊选购数种，折树枝，以
绳缚其上，负戴以归，时已新月满街矣。

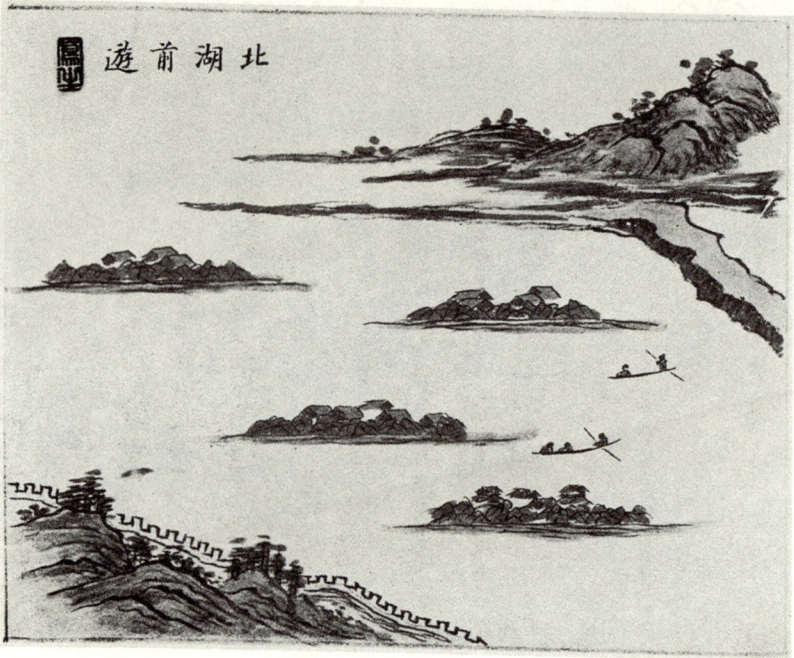

北湖前遊

同治十二年癸酉，十八岁

是年，同乡绅耆吁请先曾祖石渠公从祀乡贤祠。六月，奉旨允准。七月十五日，恭送神牌入祠，来陪祭者七十余人。舆论翕然，佥谓与伍孚尹先生均不愧兹盛典。

八月朔，随吾兄及仪征刘恭甫寿曾、句容尚仰止兆山、同里秦伯虞际唐、何善伯延庆、朱子期绍颐、玉生绍亭、蒋幼瞻师轼、绍由师辙诸先生游北湖。是湖在北城外，一名元武湖。宋元嘉末，有黑龙见，故名。又以与燕雀对，复名后湖。齐武帝时名昆明池。周围四十里，中有五洲，而以莲萼洲为最大。是日清晨，策蹇出太平门，买瓜皮艇，掠芦苇而过，至湖神庙。庙东有楼曰飞楼，楼左有亭曰翼然。满地秋花，争妍献媚。小憩客室中，携酒小饮。远近诸山，历历如画。惜花事已阑，惟闻秋声瑟瑟而已。日已西，仍坐小艇，沿途采菱、芡，饱啖而归。吾父诏之前，谓曰："今日之游，乐乎？尔兄拟绘图征诗以纪游，尔亦能诗乎？"余唯唯不敢对。次日学作小诗四章，云："出郭作闲游，瓜皮小小舟。枯荷与残苇，绘出半湖秋。"其一"东接台城路，西连蒋阜山。南朝无限感，流水去潺潺。"其二"数家渔户屋，中有湖神祠。斜阳欲西落，老僧来何迟。"其三"采得新菱芡，归途亦复佳。那堪搅清兴，弦索响秦淮。"其四吾父阅之，曰："初生小犊不畏虎，可喜也。"命亦书入图中，以留鸿爪焉。

十一月，娶原配田氏，安徽绩溪县知县献之先生之女孙，举人星文先生之长女也。

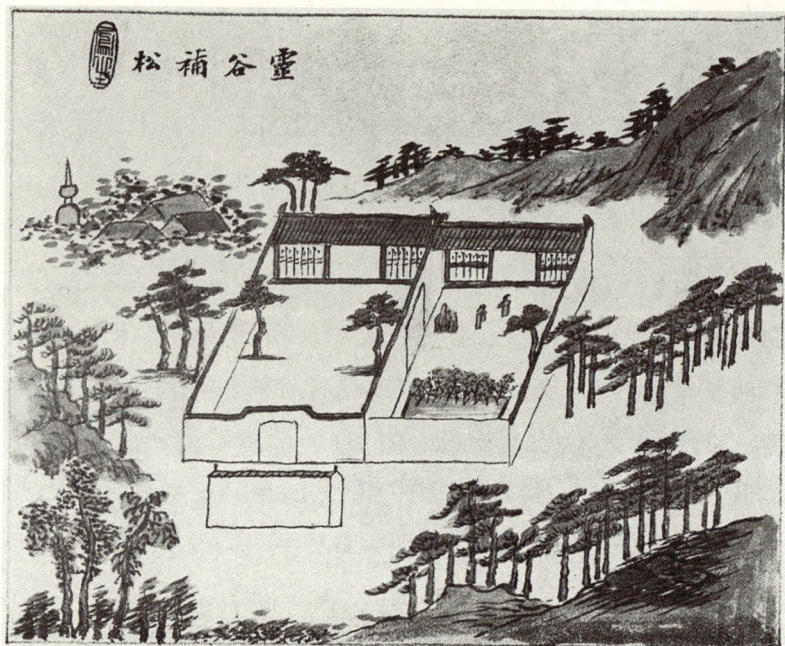

同治十三年甲戌，十九岁

灵谷寺在钟山之阳，梁宝志公葬独龙阜，即是其处。明洪武初，添建梵王宫殿，万松森立，如入画图。粤匪时斫伐殆尽，几如牛山之濯濯矣。同治初曾文正督两江，因祷雨有验，向东通一门，另建龙王庙五楹，奉以神牌。院内砌台一座，遍植牡丹，以资点缀。四围并补种松树数百株。

四月某日，侍吾父往游。清晨出城，过孝陵卫，曲折至寺。寺僧导观无量殿，读三绝碑，拜志公塔，饮八功德水，小憩于龙王庙中。午后登钟山，寻明陵，入紫霞洞观瀑，谒三茅宫，至朝阳门。因足力不给，策蹇归。

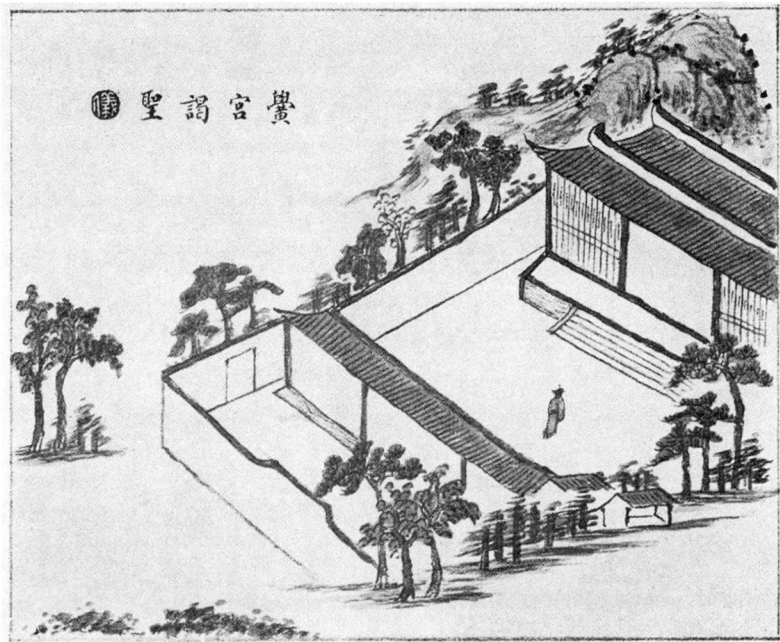

光绪元年乙亥，二十岁

先是癸酉年，彭宗师久余按临吾郡，余初应童子试，未售，自知学术未深，遂日坐书斋，不敢玩忽。一日，逢赋期，以落花命题，有句云："鹧鸪听林外之声，似含别意；蝴蝶弄窗前之影，学作团飞。"吾父见之，喜曰："此子笔致韶秀，或可有成。"

是年，林宗师_{天龄}岁试童[漏"子"字]，古赋题"铁网珊瑚"，诗题"词源倒流三峡水"，取列第六名。正场题"参也鲁"，次题"一人虽听之，一心"，诗题"竹节几竿虚案发"，以第二名补府学生。父兄之心大慰。

六月，由斗门桥移居红土桥。七月，田室人以产难亡。吾兄以次女诒芬继其后。秋闱，因病未赴。吾兄中式第八名。

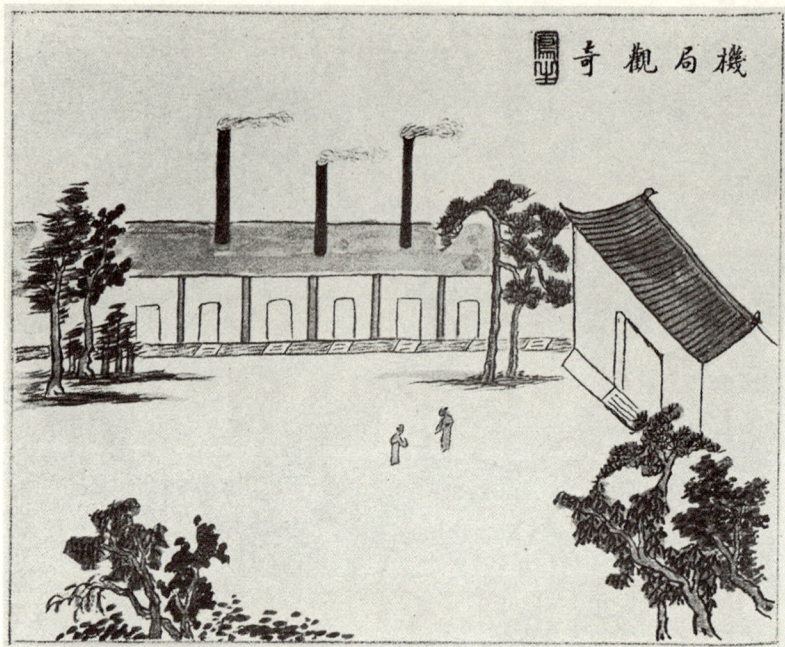

光绪二年丙子，二十一岁

每月作时文二首、赋二首及杂体诗，仍就正于吾兄。入钟山、尊经、惜阴三书院肄业。

九月，续娶许氏。其祖鸣九先生以儒医济世，其父星垣先生震泽县教谕，工诗、古文词，早归道山。其母因余甫冠即有声庠序，以长女许为继室。其兄子思亦廪生，善书能文，时为南门外机器局文案。十月某日，导余观局中各种机器，若者造炮，若者造枪，若者造子弹。是日，正值停工，命一机人在总机关处，用指一拨，而全部机轮上下左右旋转不已。欧西人之奇巧，不得不令人钦佩也。并游局旁新建之老君殿，规模壮丽，气象一新。归途小饮于沙湾街沽酒人家。十一月，林宗师按临岁试，古学取第五名，正场取一等十一名。

光绪三年丁丑，二十二岁

是年，馆朱玉生宅，教其二子。

六月，随吾兄侍两大人复游北湖。先是癸酉年偕同人游，非舟莫达。去冬，当道仿西湖苏堤之式，饬营兵筑堤数里，由太平门外孤栖埂，直达莲萼洲，中通六桥，以便船只往来。两旁种柳数百株，亚字红栏与绿波相掩映。并于眼界最宽处，矗立大牌坊一座，横书"画桥绿阴"四字。某日清晨，买舟过秦淮，越青溪，至浮桥登岸。余兄弟奉板舆，前后相随，循堤行绿阴中，至湖神庙小饮。窗前清风徐来，荷香四溢，其乐百倍于前游也。

十月，林宗师案临，取列一等三名，得食廪饩。

光绪四年戊寅，二十三岁

仍馆朱宅。何善伯长、次二子亦附学焉。

三月偕吾兄宴扫叶楼。楼在清凉山侧，前明遗老龚半千贤所筑，自号扫叶僧，亦名其楼为扫叶楼。世人不知其为何人，至有谓昭明太子读书处者。适有人得僧画像，古貌古装，手持竹帚，神采奕奕。吾兄乃令住持僧悬诸楼上。是日，大会诸名流于此，当筵题赞于像额，以述其缘起，并撰句为联云："危楼高百尺；落叶满空山。"

自是以后，游是楼者，酷暑招凉，严寒赏雪，流连风景，或咏或觞，莫不景仰前贤于不忘云。

麗春獻瑞

光绪五年己卯，二十四岁

仍馆朱宅。课读之暇，与朱子期昆仲研究诗文词赋，颇获进益。

四月，可园丽春俗呼虞美人盛开，有同心并蒂之异。吾父喜，以为瑞，命余兄弟咏诗绘图以纪事。并在园中添筑瑞花馆三楹，面对梧竹。改建四方亭为延清亭，改平台为望蒋墩。诸名流皆有和章。余诗云："草不羡科名，花不艳富贵。园林锦绣纹，天地中和气。"其一"同心齐吐黄，并蒂竞舒紫。采以寿高堂，驻颜常若此。"其二"花萼两争辉，同根永不违。譬诸兄若弟，相与恋春晖。"其三"可园地一区，纵横无半亩。嘉瑞吐奇花，绘图为世守。"其四六月，夏宗师子松按临科试，正场取列一等七名。秋闱报罢。

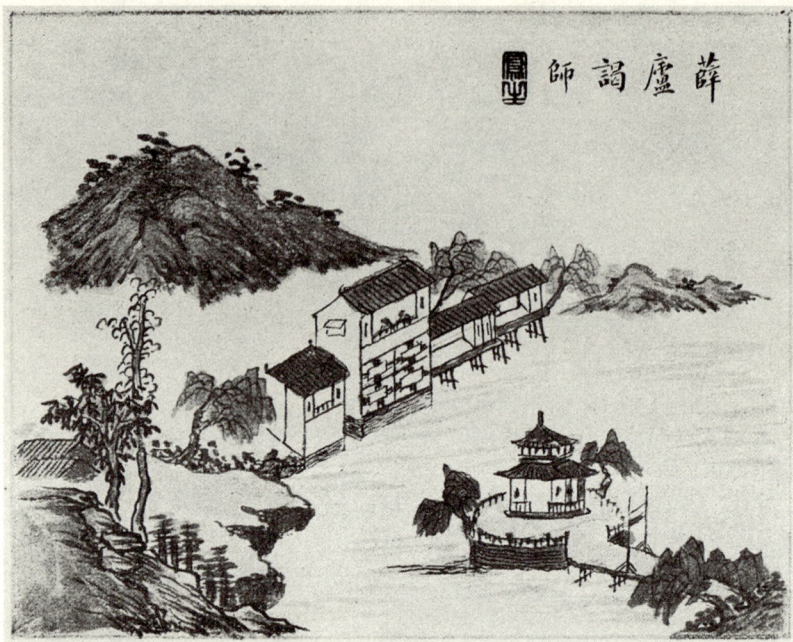

光绪六年庚辰，二十五岁

近年投考尊经书院官师课，屡列优等。

时是院山长为全椒薛桑根先生_{时雨}，爱才若渴，人有一艺之长，莫不加以奖借。一日，忽语吾兄曰："昨案发十名前，有名作仪者，非尔弟乎？"曰："然。"曰："此生文笔高超，曷不同来一见？"次日随兄进谒，行礼，就坐，谕以读书、作文之道，娓娓不倦，并邀至乌龙潭边，指点山川，流连景物，立谈久之，然后兴辞而退。

十一月，黄宗师_{澂兰}按临岁试，古学取第八名，正场取一等十一名。

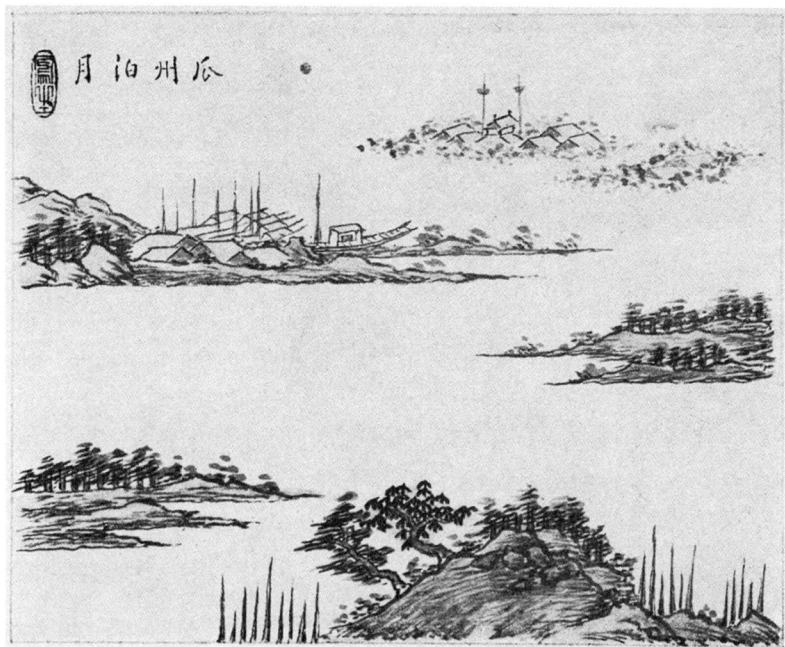

光绪七年辛巳，二十六岁

在家开塾授徒，凡六年。

正月初，藩辕来札，委吾父署东台县训导。因年老天寒，不愿跋涉，拟藉故缴委。嗣闻前任某因病出缺，黄学院定于是月下旬考试扬属，东台只一教官，无人办考。不得已，于十八日携余及两仆，买舟启行。是日，泊关[观]音门。十九日，风大顺，张帆行，晚抵瓜州宿。二更时月明如画，江水澄清。闻吾父已睡熟，潜至船唇，举杯对月饮。吾父惊醒，亦披衣出，见两岸帆樯林立，历历如画，忽语余曰："丁卯乡闱，诗题'夜深灯火见扬州'，其情景正复相似。"寒宵人静，江风逼人，相与回船寝。二十日晨开行，下午泊扬州钞关。登岸一游，匆匆解缆而去。

舟行三日，二十三日抵泰州。赁屋而居，在泰州接篆。其时各属学官，联翩莅止，相与同往接差。

余在寓无事，闻是处岳王墩为忠武当日屯兵之地，俗谓之泰山，风景绝佳。适有一门斗邱姓者，人颇雅驯，倩其导往一游。遂于二十六日午后，偕行出城。山势险恶，登之则全城在目。庙貌宏敞，旁列岳部诸将，精神英爽，令人望之生畏。山下临湖禅院，屋宇无多，地亦幽僻。

考毕，遂于二月初十日买舟随父至东台。

东台为自古产盐之地,利之所在,人争趋之。朝廷设官以督其事,虽僻处海隅,而人民颇称殷富。惟学署年久失修,势将倾塌。吾父到后,暂假西溪书院以为校士之地。院中屋宇清洁,树木繁盛。

二月下旬,吾母携长孙亦来此游览。因家中无人,令余先行返里。三月初二日,舟泊泗源沟。次日大风,渡江,进观音门口时,舟几覆。幸舵工落篷神速,然余已满身皆水矣。薄暮抵家,正家中清明节祀祖时也。

吾父亦于五月间卸篆,率眷回。

七月,余生男,旋殇。室人病几殆。

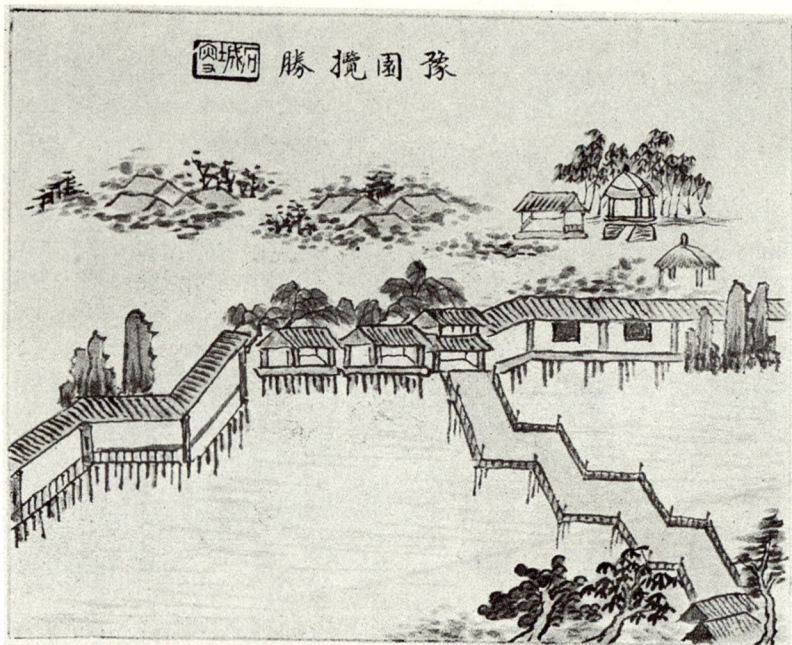

光绪八年壬午，二十七岁

是年六月，因与上海哈姓有银钱交涉，于十六日乘火轮赴沪，寓北门内古董铺中。铺东每日导游繁华租界，或听戏，或饮酒，数日后不免生厌，适与一王君遇。王君亦同乡，在上海商界中有名者，谓余曰："明日同游城内豫园，何如？"豫园者，乃明潘方伯允端所筑。内园占地无多，外园正屋改为城隍庙，其余悉作商场。然曲桥烟水，清泚弯环，绿柳红墙，映带左右，较之车水马龙，大有天渊之别。小住旬日，事毕，仍乘轮回里。

七月，黄宗师按临科试，正场取一等六名。

秋闱，报罢。

光绪九年癸未，二十八岁

　　金陵俗，正月十六日有登城头、走百病之谣。姊丈周浦云国栋、表兄周子木树昌、堂兄少良士林相约随众一游。是日午后，由汉西门城坡登城，一路向北，倚堞循行，外望江帆，内俯林壑。至龙蟠里口外崎岖下，沿乌龙潭小径，曲折行至驻马坡。相传此坡为诸葛武侯来吴，驻此以观形势，有"钟山龙蟠，石城虎踞"之语。由坡再上，不半里，即为蛇山，灵应观在其巅，宋时祈雨处也。薛慰师言于左文襄公，建诸葛祠于观右，而以陶渊明配食，拓前轩为淡静山房，实为西城增一登临处。一时名流游宴，莫不萃集于此。顾石公云有联云："荐君一掬建业水；听我三终梁父吟。"最为工切。流连至暮，步月而归。境幽而旷，几忘其在城中也。

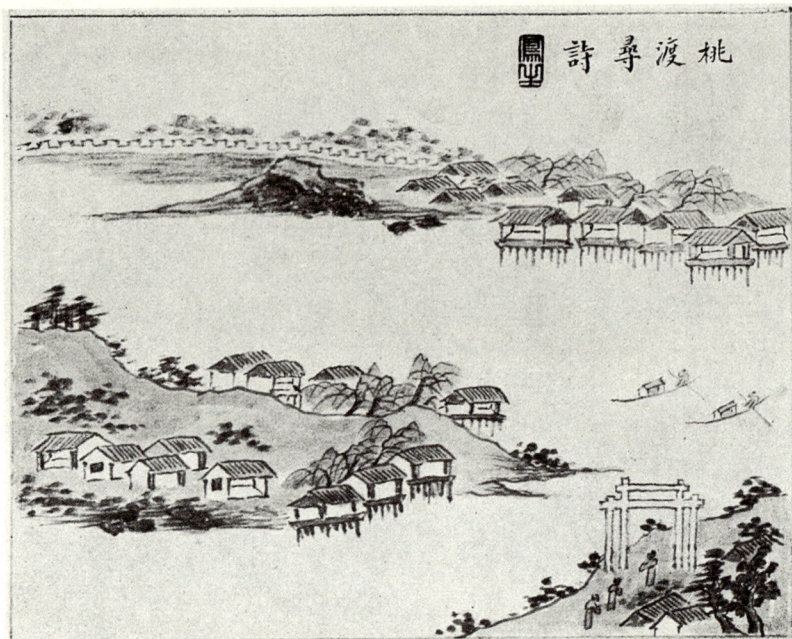

光绪十年甲申，二十九岁

　　吾友高倬人_{先卓}、竹篦_{先仲}，兄弟也，能诗，俱为吾父入室弟子。六月某日，与余途遇于桃叶渡，邀往酒家小饮。微醉，买小舟荡入青溪深处纳凉，相约各赋一诗，不拘体韵。余成七律一章云："故人招我秦淮舟，秦淮水色清于油。一声长笛出邻舫，两岸垂柳藏层楼。开尊且尽北海兴，打桨已过东关头。钟山明月破云出，水面风起凉如秋。"是日，徘徊至二鼓而返。吾父因归家太晚，含有愠意。遂告以日间情事，并将诗稿呈上。色顿霁，曰："此诗清圆流利，一气呵成，可以赎罪矣。"相与一笑而寝。

　　十月，葬原配田室人于汉西门古林庵侧。

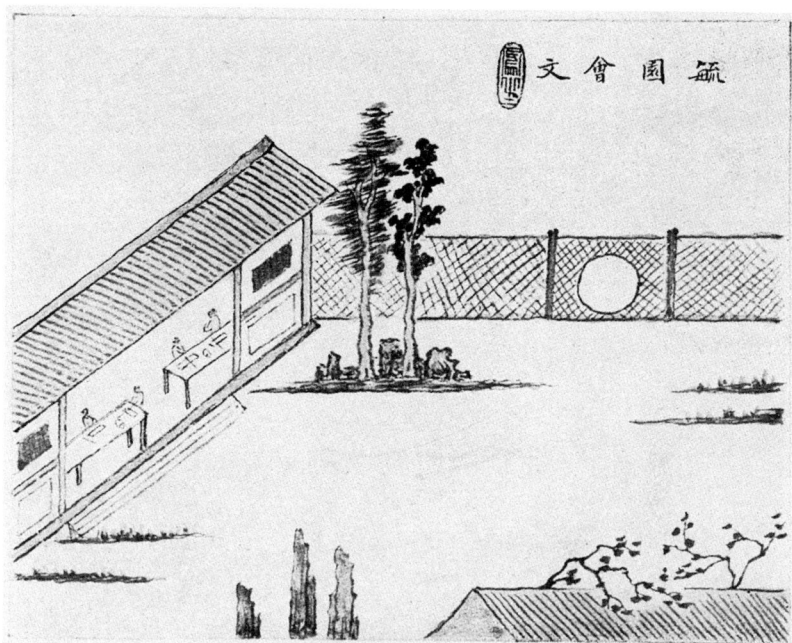

毓园会文

光绪十一年乙酉，三十岁

近年科、岁两试及三书院月课名次，虽不落人后，终未敢自信。乃与新建杨梦花_{裕宗}、同里孙小石_{绶昌}、马子英_{长儒}结文会于毓园。毓园者，即梦花所居之别院也，石笋璘峋，树阴森蒨，竹篱缭绕，点缀多姿。每月二课，每课一文一诗或一赋一诗。脱稿后回易评阅，商榷摘发，杂以嘲讽，有时不能竟读，亦研究学术中一乐事也。

六月，黄宗师按临科试，正场取列一等七名。优、拔两科，均未入选。

光绪十二年丙戌，三十一岁

莫愁湖在水西门外，相传南齐时卢莫愁居此，故名。上有胜棋楼，为明太祖与徐中山赌棋所赐，至今湖租犹为徐氏世业。周围十余里，澄泓一水，皎如明镜。清凉山正当其北，钟阜、卢龙，映带左右，隔江诸山，出没于烟波荡漾中，是为夏日清游最胜处。

六月中旬，闻湖中荷花盛开，红白相间。吾母黎明起，率余等往游，出水西门时，行人尚稀。在胜棋楼下凭栏茗饮，香风四溢，胸襟畅然，真有栩栩欲仙之意焉。

十一月，王宗师先谦按临岁试，古学取第八名，正场取一等十二名。

光绪十三年丁亥，三十二岁

三台洞在观音门外。谚云："沿山十二洞，铁锁缆孤舟。"此洞即十二洞之一。

二月十四日，吾兄偕周浦云、周子木及余往游。先向救生局借红船一只，停水西门外，清晨登舟，开江后下行十五里，即至其处，既窈且深，由木梯曲折猱升而上，始到洞中。石上凿有古佛一尊，趺坐井上。井中流水声震耳欲聋，其一种阴森之气，令人不寒而慄，奇境也，亦险境也。午后回船饭，薄暮抵家。

十月，堂兄镐甫自晋回，改葬世伯伯康公于太平门外尖山地方。余随同在乡照料，计五日。

光绪十四年戊子，三十三岁

吾乡逢大比之年,应试者辄聚同志四五人,于放榜前一日,择一餐馆小饮,藉以听榜,谓之吃梦。是科,亦随俗邀杨梦花、孙小石、马子英,在问柳园聚餐。至月上时,获隽报捷者纷纷。余等自分在孙山外,忽有声自院中来,曰:"二爷大喜! 高中九十八名!"出视之,乃余家苍头也。匆遽还家时,吾父正在大门外盼余归甚急。吾兄亲往藩辕观榜,旋亦归来。吾父母大乐。时亲友中得信来贺者已不少。是科首场题"子曰:可与共学"两章,"及其广厚"三句,"堂高数仞"至"在彼者皆我所不为也"。"金罍浮菊催开宴"。房师江苏即用知县历城汪瑶廷懋琨先生,座师翰林院侍读学士南海李若农文田、翰林院修撰闽县王可庄仁堪两先生。梦花于次晨得江西电,亦同领乡荐。

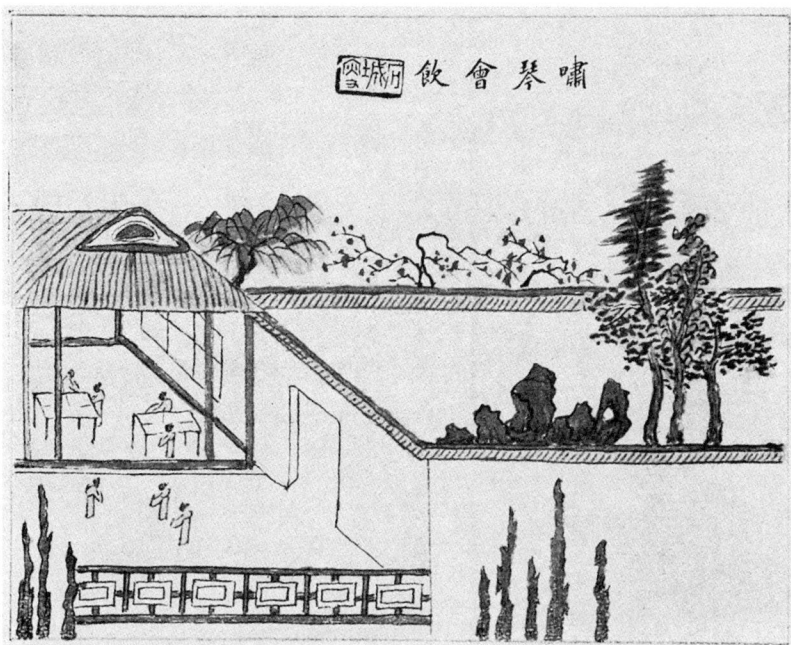

十月初八日，偕成述周、张星南、濮幼实、顾席珍、侯健伯五同年，乘轮赴江阴学辕填亲供。

初九夜二更，轮船至江阴对岸八里杆，下剥船时，大风雷雨，江浪涌天，船身摇荡，几覆者屡。幸是处救生红船飞驶前来护救，得达彼岸，而行李衣服，被雨透湿。行约半里，始到洋棚，相与沽村酿御寒，痛饮沉醉而睡。

初十日，天晴，买舟渡江，至江阴县。十一日，执贽谒王益吾学使。公事毕，大会江阴同年于啸琴别墅。是墅为邑中某绅所建，回廊曲折，竹石幽深，现已式微，凡邑人有大宴会，莫不萃集于此。是日座中有招妓侑觞者，见一雏姬，名雪珠，言辞轻倩，楚楚动人，集《长恨歌》"雪肤花貌参差起，珠箔银屏迤逦开"句以赠之。十六日，仍乘轮上驶。十七日，抵家。

帝城春色

光绪十五年己丑，三十四岁

正月，偕张星南、顾席珍、侯健伯三同年，航海赴礼部试。

二十一日，上江轮。

二十二日，至上海，寓长发栈。

二十三日晚，匆匆往租界一游。海市蜃楼，高耸天半，电灯四射，密若繁星，较壬午年繁华又过半矣。旋上高陞海轮，天明出吴淞口，大风。

二十五日，过黑水洋，船身颠簸更甚。同人多僵卧不起，并有呕吐者。余虽头部略眩，而饮啖、行动如常。

二十六日，抵塘沽。冰结未开，不能前进。遂搭火车行，午刻抵天津。息劳三日。

二月初一日，遵陆行。

初三日入都。时瑞雪初晴，路平如砥。虽孤烟落日，而麦痕含碧，柳色笼青，遥与宫阙相辉映。初春景物，颇有可观。遂驱车直到前门外打磨厂李宅小住。

十五日，贡院覆试，取列二等。

三月初六日，移寓江宁试馆。

会试后，四月十五日榜发，报罢。

次日与杨梦花联骖出都。

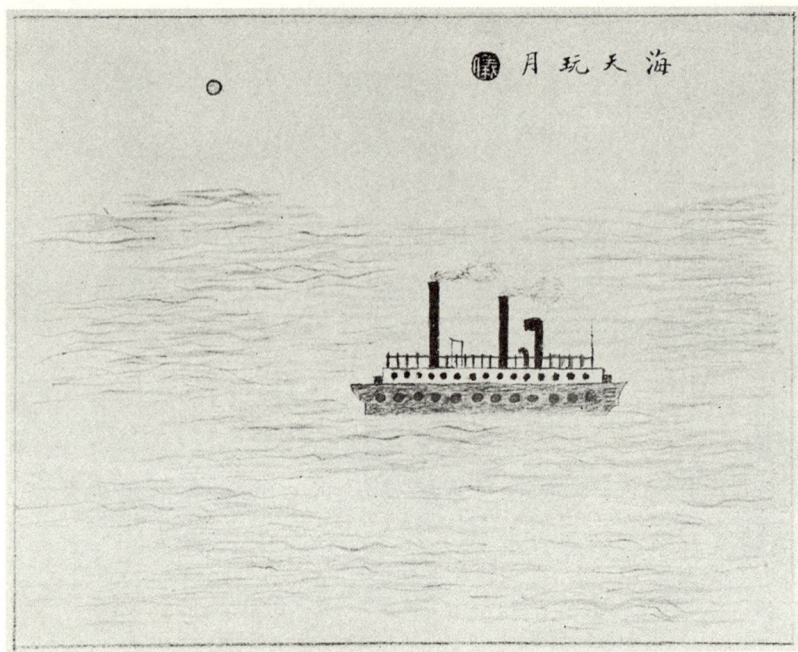

梦花入都时,寓江西试馆,距余寓咫尺,朝夕过从。揭晓后,相约同行。

十八日,抵天津。

十九日,上保大海轮。

二十日,过绿水洋。三更时浪静风平,月明如昼,携酒肴,登舵楼最高处,倚栏而坐,与梦花对月小饮。海天一色,心地光明,几有遗世独立、羽化登仙之意。

二十二日,抵上海,梦花独留,余搭江轮上驶。

二十四日五鼓,抵下关。买小舟进城,到家时,家人尚未起也。

是年,伯祖考价之公、伯祖妣谈太孺人灵舆自山西运回。因祖茔无地,暂寄南门外能仁寺中,另卜地安葬。

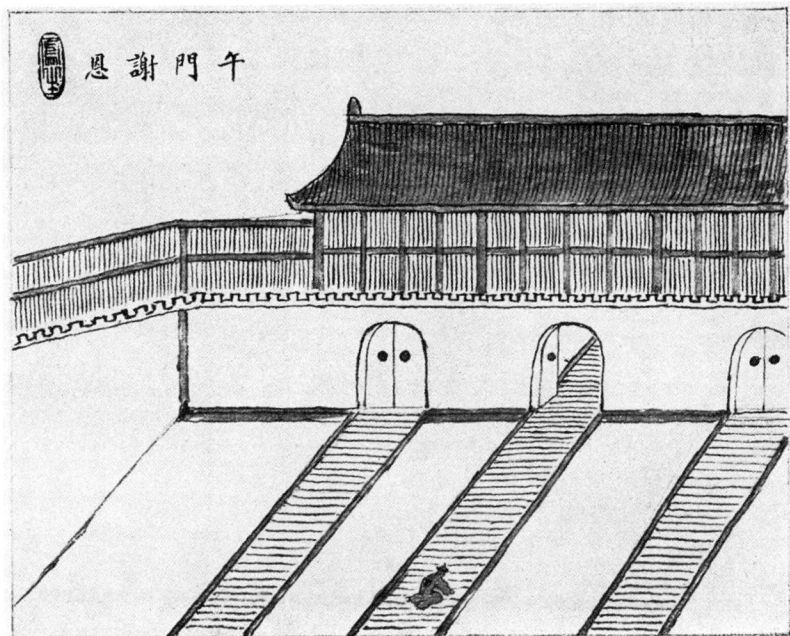

光绪十六年庚寅，三十五岁

正月间，同人计偕北上，因母病未敢远离。至二月下旬病愈，始只身取海道入都。

二十五日，到沪。

二十八日，抵津。因会试期迫，雇车兼程行。

三月初一日，到京。仍寓前门外李宅。

四月十三日，榜发，中式二百一名贡士。

十五日晨，恭诣午门谢恩。礼毕，晋谒房师及四座师。

二十日，覆试。取列三等。

二十八日，殿试。取列二甲一百七名，赐进士出身。

五月初一日，朝考。取列二等九十一名。

十四日，由翰林院带领引见。奉旨，以知县即用。吏部掣签，分发湖南。

是科，头场题"子贡曰：夫子之文章"两章，"知所以治人"至"凡为天下国家有九经"，"霸者之民"四句。"城阙参差晓树中"得"门"字。房师国子监司业历城吴燮臣树梅先生，座师刑部尚书济宁孙莱山毓汶、都察院左都御史长白贵坞桥恒、都察院左副都御史祥符沈叔眉源深、吏部左侍郎番禺许筠庵庆骥四先生。

时父母在籍，闻报大悦。吾兄寄诗遥贺，有"高堂含笑看金帖，舞彩何妨归里迟"之句。又云："龙门竞说烧頳尾，马氏由来重白眉。"余阅之深觉愧赧。

因湖南省分较远，亲老未便迎养，由同乡京官呈请吏部，改掣近省，文凭未能领到，拟先行出都，忽大雨数日，闻蔡村河西务一带水深没膝。至七月初一日，始与孙叠波、艾苧南、顾席珍三君联辔行四十里至北通州，买舟顺流而下，行如激箭，未及一日，已达天津紫竹林矣。

初三日，乘轮渡海。

初六日，至沪，旋搭江轮返家。在京感受潮湿，两臀癣疾大发，脓血狼藉。内外兼治，至八月初始能行走。

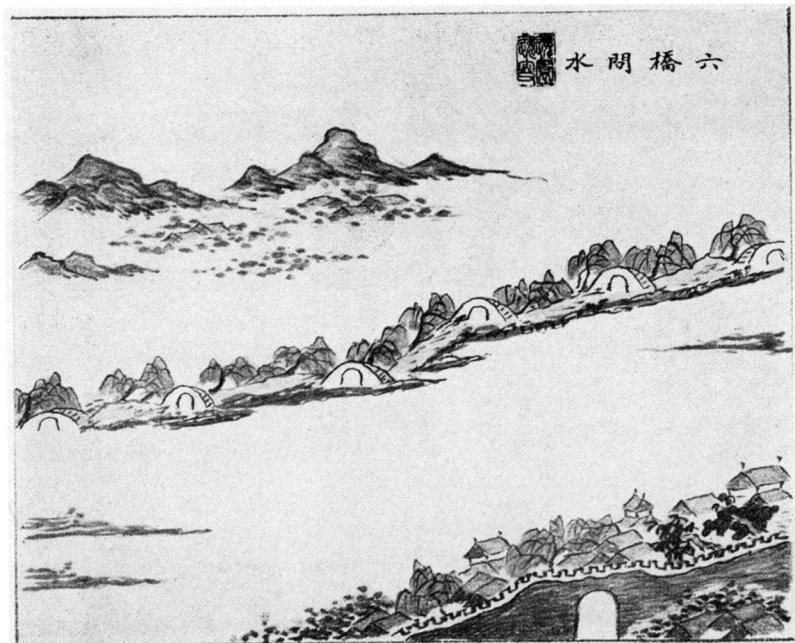

光绪十七年辛卯，三十六岁

正月，接同乡京官信，知已改掣浙江。二十日，领到吏部
文凭。

二月十六日，搭轮赴沪，雇玻璃快船，由小轮拖带，到杭
后赁红门局运司河下公寓，与翁铁梅、石竹吾、卢子鸣三君同
居。是处距涌金门不过数武，翁、石、卢三君亦无多事，每日衙
参后，各携杖头钱，徜徉于西湖中。时值暮春之初，绿波新涨，
烟柳空濛，如三潭印月、孤山、灵隐、韬光、玉泉、龙井、净慈、
天竺以及南、北两峰诸名胜，赓续前游，所谓四时之景不同，
而乐亦无穷也。

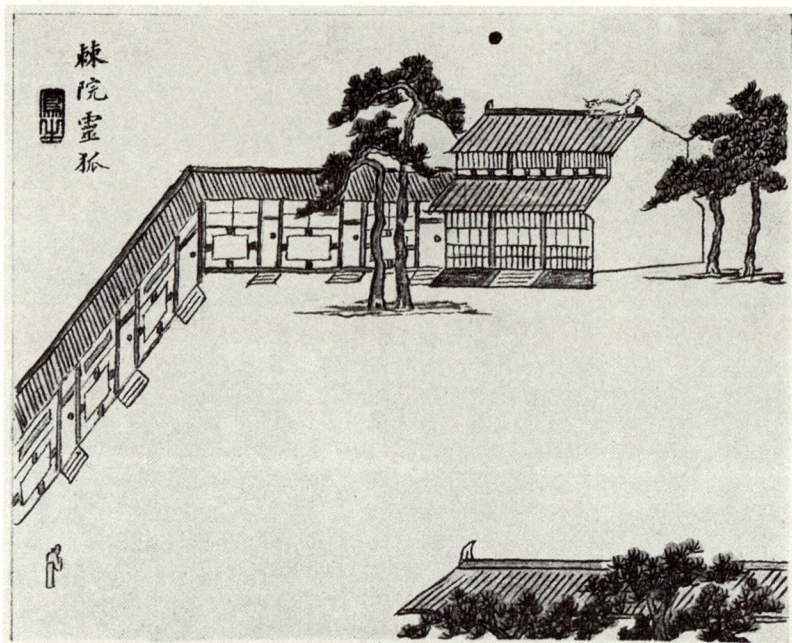

八月，派充浙江同考试官。

初六日入闱，签分第四房。是科主试官为通政司副使安乡李小研端遇、翰林院编修武进费屺怀念慈两星使。首场题"子张学干禄"一章，"旅酬下为上"，"序者射也"。"赏月延秋桂"得"秋"字。余房分得朱卷八百六十六本，校阅三十昼夜，荐卷五十六本，得士六人。十九日，磨勘中卷毕，出闱，人极委顿，如大病初愈者然。

当在闱时，中秋节夜，阅卷至三更，月光皎洁，偶出便旋，见前进大仙堂屋脊上，蹲有一物，其形似犬，其大如牛，举首对月，目炯炯有光，见院中有人，渐缩渐小，不数分钟即隐去。此殆平时看守贡院之狐，以有天使在，不敢为祟也。

十一月回里省亲，计家居半月。十二月复回里度岁。

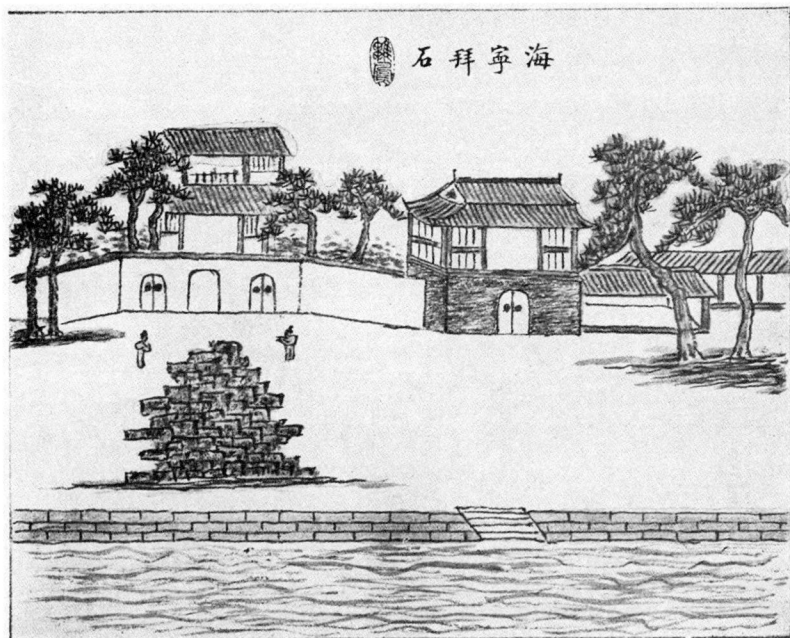

光绪十八年壬辰，三十七岁

正月返杭，臬宪委谳局发审差。自此以后，尝至府署审讯各州县上控提省案件。六月，委查海宁州塘工委员浮领库款差。十五日，驰往海宁，在州署小住。次日，委员来见，拒而不纳。又托某绅行贿，亦笑拒之。知其中弊端必大，凡石工、木工多寡，石料、木料价值，以及堤身厚薄、高低、宽窄丈尺，详细调查，合计工、料两项，不足六万金，约浮领一万五千余金。据实禀复，颇蒙嘉许。当在州城时，每逢子午潮来，高或一二丈或三四丈不等，其色如银，其声若雷，醋梦中每为所惊觉。又距城约五里，有龙王庙，规模宏敞，松柏参天，内有观潮亭、听潮居诸胜迹。予丈量堤身时，尝午饭其中，见门外乱石纵横，中有一石，其方若印。住持道衲以测影日晷置其上，红针指北，他石则不然，亦奇事也。

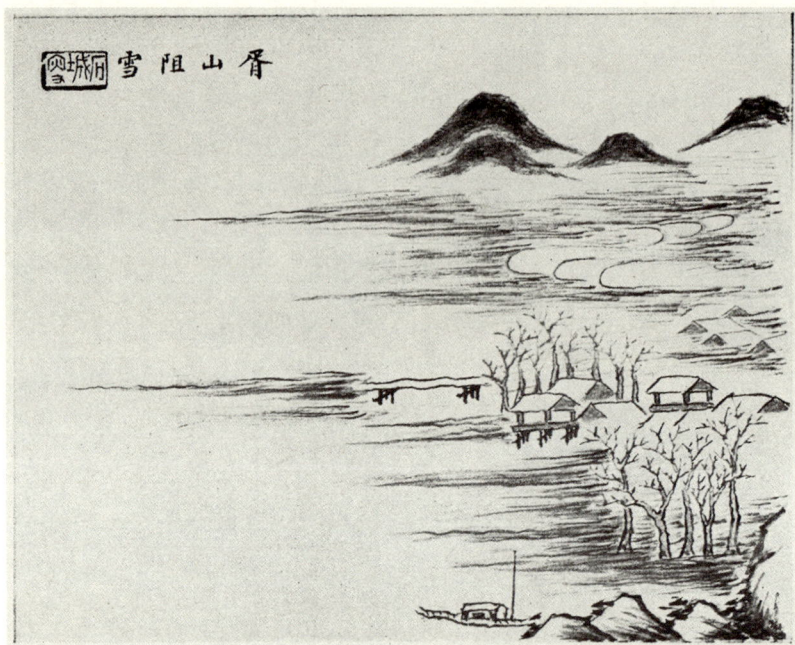

  十月，委办天津海运差。韩子衡、翁铁梅两君亦膺是选。部署既定，请假回里。二十九日，登舟行。未一日程，至嘉兴之胥山地方，风雪漫天，河冻不能行。候至旬余，天晴冰解，小轮拖带，初十日至沪。是时大雪又作，旋上江轮，十二日抵家。吾父见之泣，余亦泫然。吾母以为不祥，以他语乱之，乃破涕为笑。十四日，寿辰。宴客终日无倦容。十五、十六两日，犹策杖周行庭户间。十七日，气微痛，延医诊治，医家亦不经意。讵料十八日喘逆大作，竟尔弃养。呜呼！倘再耽延数日，不能亲视含敛，抱恨终天，曷其有极！愿天下为人子者，必当恪遵圣训，以远游为戒。

光绪十九年癸巳，三十八岁

余夙好游览。曩阅吾兄所编《凤麓小志》稿本，知吾乡城西南一隅，山水清嘉，冈峦起伏，园墅丽都，半丘半壑，按图索骥，足备搜寻。牵累世事，未能偿此愿也。

是岁，读《礼》家居，会李小轩廷箫年伯知江宁府事，嘱办理门西惜善堂。是堂为新宁刘华轩先生光才所创建，适与凤皇台相近。接事后釐定规条，添筹经费，广设教育。未及一年，因事辞退。惟此一年中，尝与地方父老，挂筇选胜，蜡屐探幽，一瓦一椽，在残山剩水中，差可得其仿佛。然古今之兴废存亡，正如梦幻泡影，有心世道者，莫不感慨系之。吾兄之编《凤麓小志》，亦犹是耳。

光绪二十年甲午，三十九岁

三月，葬吾父于太平门外前新塘祖茔左偏。

是年，乡先生延余办理丰备仓积谷，并与秦伯虞等总理救生局事，尝到局稽核一切。

四月，随吾兄及周子木同游采石矶。坐红船上泝，历一昼夜，始达是处。登楼拜李太白遗像，惜背山而筑，未能远眺江景。而彭、杨诸公祠宇亦在是楼之旁，流连至暮，登舟返棹。夜泊牛渚，小饮玩月。

十一月，在滇捐局报捐同知升衔，以备将来加级请封之用。

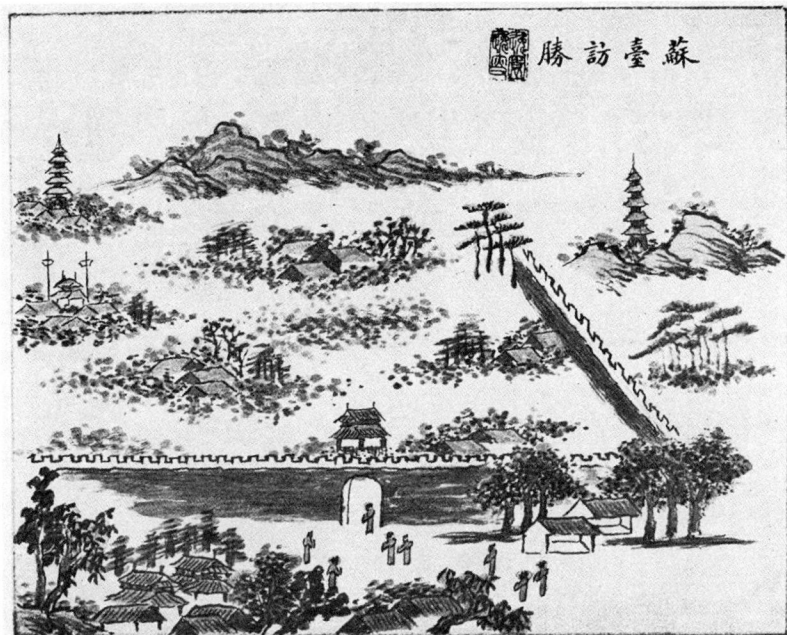

光绪二十一年乙未，四十岁

三月，服阕。改建旁厅，为吾母庆八十一寿，并以老人春秋高，未肯起服到省。九月初一日，遽辞不孝等而逝。哀哉！是月，兰孙堂侄及其姊奉祖母自山西回，迟到数日，以不及见吾母为憾。

十二月，苏州粮道陆春江元鼎年伯檄委天津海运差。十一日乘轮赴沪，转木轮到苏谒谢，下榻道署。十六日与谢小圃买舟游留园，门临流水，树木清华，颇觉静雅。内则楼阁亭台，刻缕工巧，不免有富贵气矣。十七日游沧浪亭，宋苏子美遗迹也。柳阴夹道，泉声泠然，胸次为之一爽。十八日游狮子林，是处为倪云林别墅，以石胜。前后左右，穿插极巧，占地无多，行其上纵横上下，约有数里之遥。十九日游圆妙观。屋宇无多，而市廛极盛，百货均萃集于此。因返里期迫，未能寻他胜迹。二十日仍乘木轮转上海回。

津門運粟

光绪二十二年丙申，四十一岁

二月十四日，偕陶子宜乘轮赴沪。在福来旅馆，与韩子衡、翁铁梅二君遇。韩、翁办浙江海运，余与陶办江苏海运，遂同航海至天津，分住两省公所。

三月初一日，派余押粮船五十艘至北通州仓督署，交割毕，取有回文，后赴北京一行，盘桓数日，即返津，请假回里葬亲。二十日抵家。

四月初四日安葬先母于前新塘，与先父合窆。是年，将所管丰备仓、救生局各事务谢绝，闭门却轨，编次家谱，年终告成。

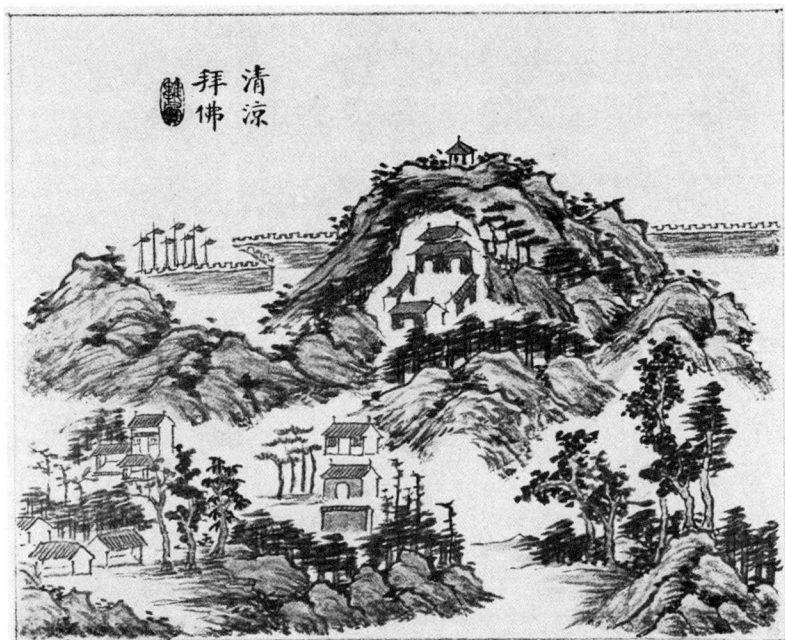

光绪二十三年丁酉，四十二岁

吴俗信鬼，而江南为尤盛。吾乡除各处赛会不计外，七月晦日，清凉山有地藏会。是界诸小庵之神像，集于大庵，标其名曰朝山进香。前两日，自朝天宫以西，至山门外止，设茶棚十余座，煮茗以供香客之饮。棚内张挂灯彩，上悬地藏软像，旁列十殿阎罗像。其供案上，陈列各种玩具，以供游人之赏鉴，斗巧争妍，应有尽有。会来时，有烧肉香者，叉手钩身，满挂香盘。又有烧拜香者，或一步一拜，或三步一拜，直至佛前而后止。

余于是日，偕周浦云、周子木往游，山门内外，红男绿女，人头攒动，不能容身。乃去而之他，上登翠微亭以眺江景，下到清凉寺以养足力。归途游鲁公祠，过乌龙潭，顺城根返家，时已暮钟动矣。

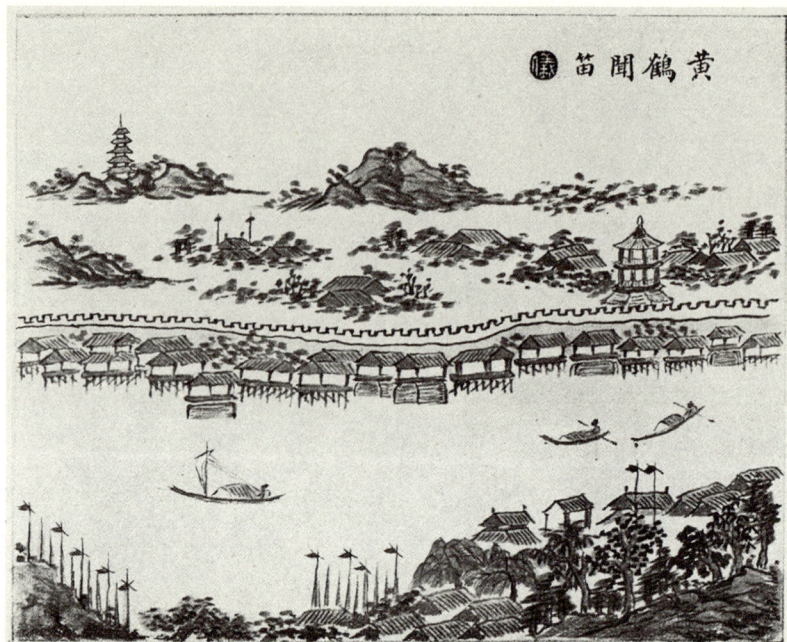

黄鹤闻笛

光绪二十四年戊戌，四十三岁

去腊服阕，托人在京办理起服事。现养亲事毕，例归湖南原省。领到文凭后，于闰三月携眷，并男女两仆人赴湘，乘招商局轮船上驶。

二十日抵汉口，寓万福楼客栈洋楼上。是楼正对武昌黄鹤楼旧址，唐人崔颢诗，成为千古绝唱。红羊之乱，尽化劫灰。补建一楼，参以洋式，开窗远瞩，风帆上下，一览无余，颇有今昔变迁之感焉。

二十三日，雇巴杆船渡洞庭湖，逆风逆水，舟行不易。

四月初一日，始抵长沙。寓北门左文襄祠旁，与汪紫函表兄为邻。而表姊丈杨心田大令，亦寓是处。衙参之暇，朝夕聚谈，足破岑寂。

岳麓山,在长沙河西。其脉发源于南岳,数百里迤逦而来,是为南岳之足。

八月二十一日,为余初度。汪紫函、杨卿望携酒肴登山小饮,藉以祝寿。渡河后,乘筍舆而上,先至爱晚亭。是处枫叶极多,惜未经霜染,不能红于花耳。再行一二里,即为白鹤泉。泉出自石峡中,上覆以亭,掬而尝之,甘凉澈齿。余未携火具,不能冷饮。由是更上一层,至会仙亭。此为山之最高处,旁有石,大逾斗,俗呼曰飞来石。凭栏远眺,见万家烟火,一览无余,舟楫往来,缥缈天际。不禁俯仰低回,而不忍去。

是月,委臬署督审差。

十月,委总办醴陵釐金局事。查醴陵距省二百七十里,水陆交通,不数日,即买舟携眷到差,以重职守。

光绪二十五年乙亥，四十四岁

醴陵釐金总局，以县中西门河卡为最要，南、北两旱卡次之，东门旱卡又次之。分局以渌口河卡为最要，泗汾河卡次之，柏塘旱卡又次之。局中司巡共六十余人，每年比较，约四五万串之谱。除巡视各卡、稽核帐目外，公事无多。辄与督销局总办陶益卿司马、渌江书院正掌教汤小楼孝廉、陈春坞、何春涧两广文作文酒之会。

嗣知书院前有泉，自井中出，名曰醴泉，水极清冽，沁人心脾。每得佳茗，必携至书院中，汲新泉，烧槐火，与小楼等挥麈清谈，颇得晋人风味。

十一月，接省电，提补新宁县知县。查是县与广西全州毗连，为边疆三字要缺，民瑶杂处，号称难治。

光绪二十六年庚子，四十五岁

醴陵人烟稠密，商贾辐辏，风俗亦极奢而陋，土娟到处皆是，街隅列坐，眉目勾引，弗之怪也。然绿水青山，天然佳丽。距榷舍咫尺有渌江桥在焉，长二百步，势如长虹，蜿蜒而下。每当月白风清之夕，辄携奚童往游。灯火两三，掩映水陆，读坡翁《水调歌头》"琼楼玉宇，高处不胜寒"之句，行路者皆惊以为狂。

是年十一月，会试房师吴燮臣先生视学湖南，进省谒之。

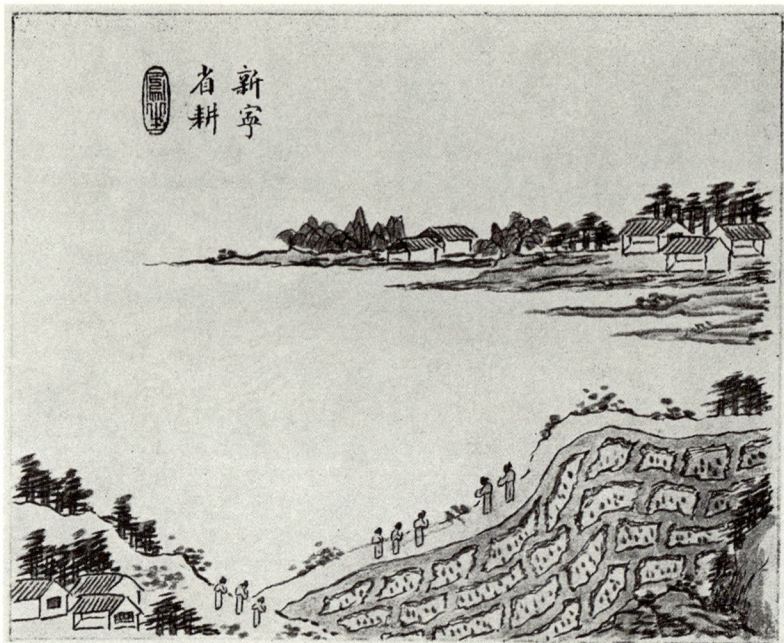

光绪二十七年辛丑，四十六岁

去年六月，闻北京拳匪起事，以仇教为名。各邻邦联军入都，两宫西狩。醴邑电报局时有警电传来，风声鹤唳，一日数惊。而余之准补部文，无从查悉，到任无期。

今春三月，新宁恒丰典当不戒于火，各当户勾结土匪，违章索赔，围署哄闹。县令徐某张皇失措，带印潜往府城请兵，县中无人镇慑。省宪闻变，飞檄先行往署，相机行事。余即日交代鳌事，兼程赴任。访知匪窟，密遣得力差役，授以机要，拿获首匪一人，供认开堂放票不讳，禀请就地正法，余均缴票解散。自此以后，地方渐次安谧，赔当事亦迎刃而解矣。是时夏雨初晴，秧田水满，农夫叱犊，布谷催耕。尝便衣下乡，巡行阡陌间。乡人见余，至欢迎夹道，颇有来暮之嗟。余为之抚循者久之。

余好微行，每于二更后，携一家丁出巡城厢内外。地方人士见余至，以为非私访案件，即查拿奸宄，莫不互相惊讶。

距县城二里许之连村，有观音阁，境幽而僻，人迹罕到。然三面临河，渔歌樵唱，风景极佳。重九日，偕李春伯、王绥三两幕友，前往登高，携有行厨，凭窗小酌。土人疑余私访来此，而是阁住持僧忽于夜间逃去，后闻该僧平时颇多不法之事也。然鸿飞冥冥，无从弋获矣。

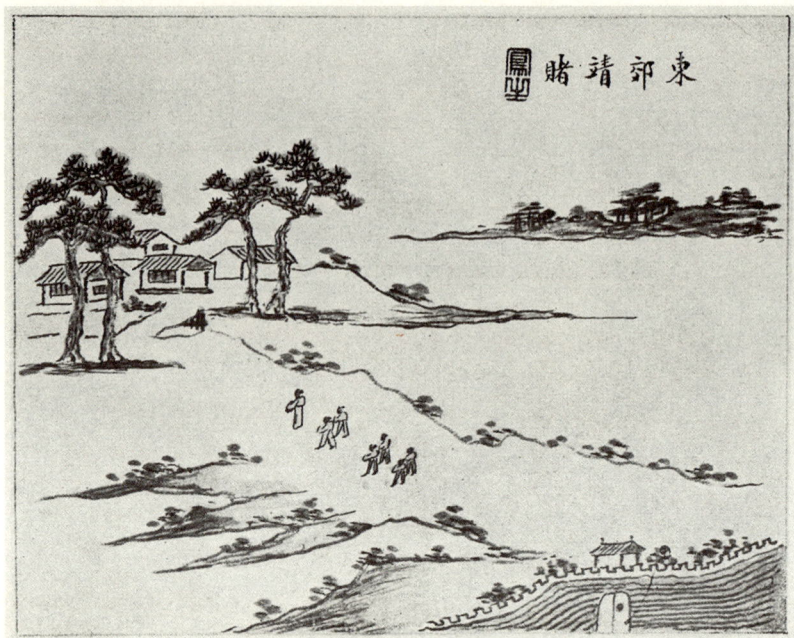

新宁地处边隅，民气纯朴，每月词讼不过十数起，命、盗案亦不数数觏。惟性情习于懒惰，赌风以年节为最盛。设局者与衙役暗通，官虽严禁，弗能止也。是年十二月二十五日，探闻东城外某地方松林中，瓦屋数椽内聚赌抽头，彻夜灯火不息。余于二更时率亲兵四名、家丁二名，踰署内后垣而出，黑暗中几为犬所噬。行抵是处，过一木桥，破扉而入，当场拿获赌具并首犯四人回署，署中人无一知者。随坐堂，重加笞责，枷号示众。内有一犯，为某绅之中表亲，某绅为江南候补道，正回里度岁，人莫不为余危，余则坦然。新年，彼此道贺，并设宴相招，仅云："公去岁某夜，为犬所窘，信乎？"余笑曰："为地方除害，犬虽猛，不畏也。"渠遂嘿然，动身后，始由其母托他绅关说。余不为已甚，遂俯如所请，从轻发落。自此以后，赌风不复如前猖獗矣。

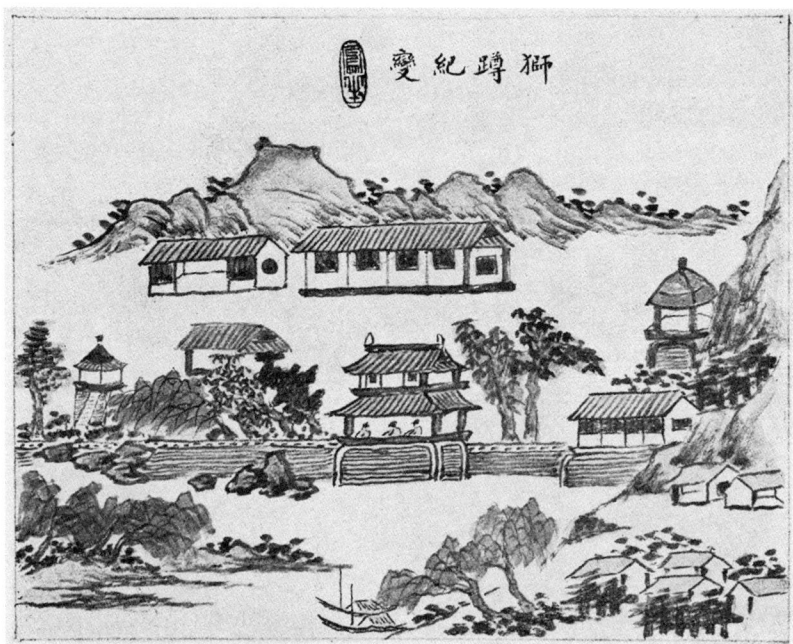

狮蹲纪爱

光绪二十八年壬寅，四十七岁

　　狮蹲阁在新宁北城外半里许，嗣掘土，得古碑，刊"放生"二字，更名放生阁。危峰峭壁中，楼台耸起，长流带绕，蜿蜒如虹。公余之暇，尝与陶笙阶、萧淦泉两广文登眺其间，觉鱼磬之声与渔唱樵歌相互答，诚天然佳境也。

　　自去冬被官盐局缉私营驻扎之后，委员沈某办理不善，致营勇枪毙盐船水手多人，名胜之区，变为战场。予一闻警报，立即驰往弹压，枪声始息。此案费尽心力，始得转危为安。而内部房屋，损坏实多。迨盐局移至宝庆，乃与士绅商酌，捐资修缮。半年后，始复旧观，并添种垂柳数十株，以资点缀。

光绪二十九年癸卯，四十八岁

新宁山多田少，土性宜棉。惜山农不知讲求，每当秋冬之际，市上所售之棉，悉由邻邑贩运而来，以致利权外溢，不免可惜。适奉抚宪札饬，创办工厂为当务之急。因思欲办工厂，当以纺织为先。欲纺织，当以种绵[棉]为要。旋在邵阳等处，购得铁子棉种十石，撰《种棉方法俚说》，刊刷多张，交由学官，下乡宣讲之便，随地劝导，给种督栽，不取分文。并在东门外负郭地方，觅得官荒约十余亩，界以竹门，颜其额曰"棉学试验场"，招农夫二十人，开垦成熟，按时布种，纵令乡民入观，俾知仿效。嗣开办纺织男女厂各一所，不两年间，每年棉花收数约在二千斤以上。抚宪批牍，极加褒奖，有"衣被苍生"之语。

光绪三十年甲辰，四十九岁

新宁县城，三面依水，而摩诃岭峙其北，山势与城相犄角，登其顶可俯瞰全城，诚新宁一大屏蔽也。七月间，探闻广西匪首梁国才，于前年招降，委带三营，现又复叛，将柳州府抢劫一空，复破柳城、破三隍墟、破长安镇、破怀远县，聚集二三万人，布散谣言，窜桂林一带，顺流而下。是邑距桂林不过四百里，人心浮动。余既在湘粤交界八十里山及窑上关各建营房，禀请两旗分驻，以资堵截，复于摩诃岭改修营房二十间，招募团勇二百名，朝夕训练，以壮声威。自此以后，军书旁午，兵差络绎，几有应接不暇之势矣。

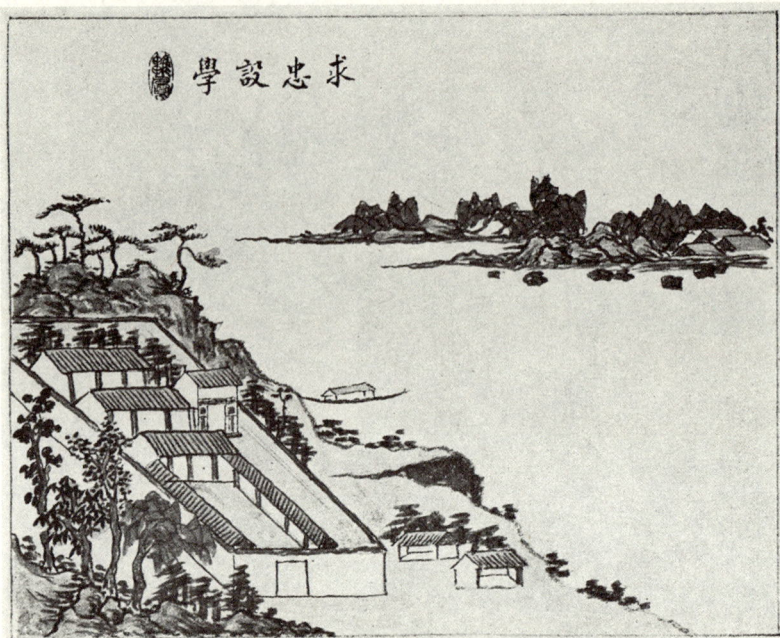

求忠设学

　　去秋奉省宪檄知，就地筹款创设高等、初等各小学堂，并颁发钦定各学堂章程下县，遵即与众绅耆会商，至今年二月间，始行定议开学。其高等小学，就本有求忠书院改修，计正屋三进，旁屋二十余间，所有礼堂、讲堂及堂长室、监学室、学生自修室、寝室、饭堂、体操场，规模略备。聘邵阳宿儒李璧城孝廉为堂长，暨他教员分科教授。并于临流处，添筑书楼三楹。俯视彝江，清澈见底。备瓜皮小艇一只，系书楼下，以为各师生假期游泳之需。余于公余无事时，亦尝偕璧城登舟玩月，煮茗清谈。每当夜色已深，辄流连而不忍去。

光绪三十一年乙巳，五十岁

新宁古名金城。余待罪于兹，已逾五载。循分供职，无补地方。前已调补芷江，现又调署龙阳今改名汉寿。上宪既不以余为不职，而寅友士绅又复依依惜别，设饯相招。迨后任李泽之大令来新，交代事毕，四月十五日买舟挈眷启行。是日，攀辕者不下千余人，爆竹之声，数里不绝，道路拥塞，不能乘舆，遂步行出东城外，与父老指陈形势，旷览山川，依恋久之，乃黯然登舟而去。故留别诗有"名士幸深知己感，邦人犹有怨离心"之句。

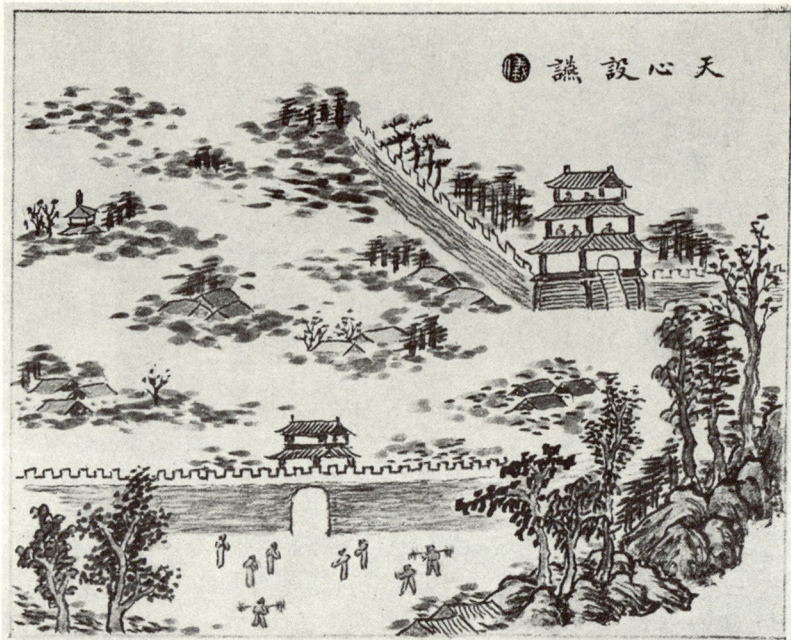

　　自新宁启程，水陆兼行，至四月二十四日始抵长沙，寓东长街赁宅。请假一月。五月初二日，吾兄自家乡来视余。戊戌一别，八载重逢，情话之余，兼及游览。相与上定王台，寻贾傅宅，游开福寺，登岳麓山，及曾祠浩园、左祠隆园，而终以宴集天心阁为最乐。天心阁者，长沙城东南隅雉堞上三层阁也。端午帅抚湘，葺而新之，高出天半。登其上，见万家栉比，气象繁华。城外则一水潆洄，帆樯上下。既而夕阳在山，设席飞觞，尽欢以醉。同游者，王伯平、午楼、顾海容、汪紫函、杨卿望、弼臣与余兄弟，凡八人，并用西法摄影，以纪游踪。不半月，遽理归装。余送以诗云："疏星几点月三更，襥被匆匆又启程。别酒清于洞庭水，乡心同到建康城。君归闭户苍苔滑，我苦忧时白发生。五斗折腰非素愿，可园花木最关情。"依依惜别，情见乎词矣。

灾勘隄圍

　　七月初旬，挈眷赴龙阳署任。是县离省三百余里，在洞庭
湖滨，四围皆水，形如釜底。衙署破斜不整，湿气极重。本年
乡间各圩障，积潦成灾，田禾大半淹没，报灾者日必数起。余
与各堤绅驾舟，亲诣四乡，查勘秋灾，周历两旬，始行回署。正
在分别重轻、议蠲议缓之时，不料八月二十六日，风雨又作，
忽报大连堤、安福、马横、钓尾等障被水冲溃，田庐牲畜淹没
不少。复督率兼管水利典史徐统勋分途查勘，设法抚恤，在乡
又四五日，而疮疥之疾，遂伏于此矣。

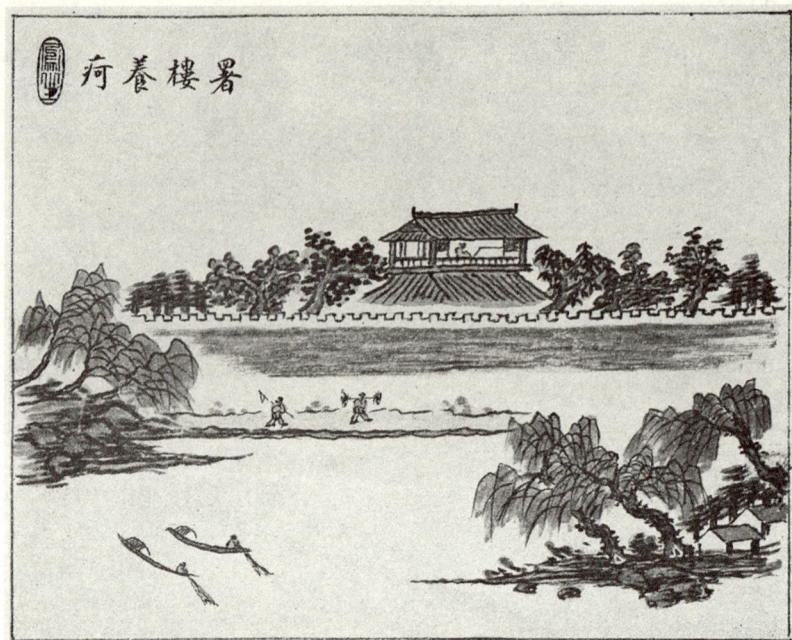

署樓養疴

光绪三十二年丙午，五十一岁

是年,合室长幼为湿气中伤,悉患疮疥,而余为尤甚。因服消导品太多,始则四肢肿胀,不能行走,继则气息喘逆,卧床不起,几有不可收拾之势。访闻沅江布衣谢子元精通医理,星夜专人延至署中,朝夕诊视,重用参芪,乃克转危为安。据谢医云,此间地极卑湿,水性阴寒,如再发,虽有和缓,不可为矣。况水陆通衢,差事络绎,前任移交未结词讼不下百余起,以病后积弱之身,实难措置裕如。遂决计禀请交卸,进省就医。适署后有一小楼,傍城而筑,高逾雉堞,下临湖汊,中接以堤,垂柳数株,临风摇曳。遂稍加修理,每日坐卧其中,寻常案牍亦在此批判。一以赏湖堤之风景,一以免湿气之侵陵。力疾从公,又逾二月,始奉批准,而有卸肩之望矣。

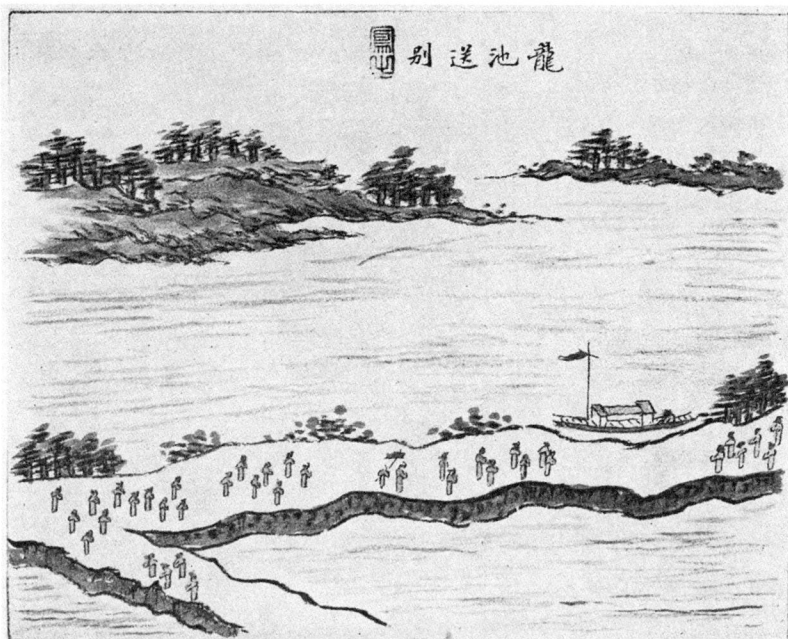

龙阳学堂为龙池书院改修,在西门外半里许。堂长邑绅刘棣华,热心教育,经营三载,堂中布置,既已合法,学生成绩,亦颇可观。余前往查阅,并与之商酌改良之事,以期日进有功。复仿前任新宁时之例,创办肉捐,以补经费之不足。未及一月,城乡一律办竣,每年可得四千串之谱。与刘绅等往复筹商,遵章设立师范学堂一所,禀请改考棚为校舍,一切筹备就绪,约四月间可以开学。是时,新任彭大令来县视事。予交卸后,各绅公饯于学堂中,合全堂教员、执事员二百余人,用西法摄影,以留纪念。四月初一日,登舟启程时,学堂各生排队前来,作歌欢送,用手琴以唱和之。首句有云:"我恨我公来何迟,我恨我公去何速!"通篇三百余字,概系溢美之辞,阅之未免汗颜。到省后,请假两月。八月,藩辕牌示,委署安化县事。九月十七日履新。

光绪三十三年丁未，五十二岁

安化古梅山地幅员辽阔，九县毗连，分前后两乡。前乡平衍，略有田畴。后乡山势绵延，广植茶树。本县所出米粮，不敷三四月之食，加以茶庄开市，骤添数万人。若邻封闭籴，其患不堪设想。余照例于三月茶商来时，亲往东坪乡一带弹压，幸各商运米甚多，价值顿减。至五月半后，茶市已过，买舟回署。路过小淹，见陶文毅公故居，临流结屋数楹，闻为公未达时读书处。石出于水，方正若印，有摩崖"印心石屋"四字，为宣宗成皇帝御笔。其时风利，不得泊，一览而过。回署不两月，即奉藩宪札，饬赴芷江县本任。余宦情本淡，又因继室许淑人二月间病没，署中心绪恶劣，抵省后，即请假回籍修墓。时已交冬令，洞庭湖水涸，轮船停驶，即在长沙度岁。

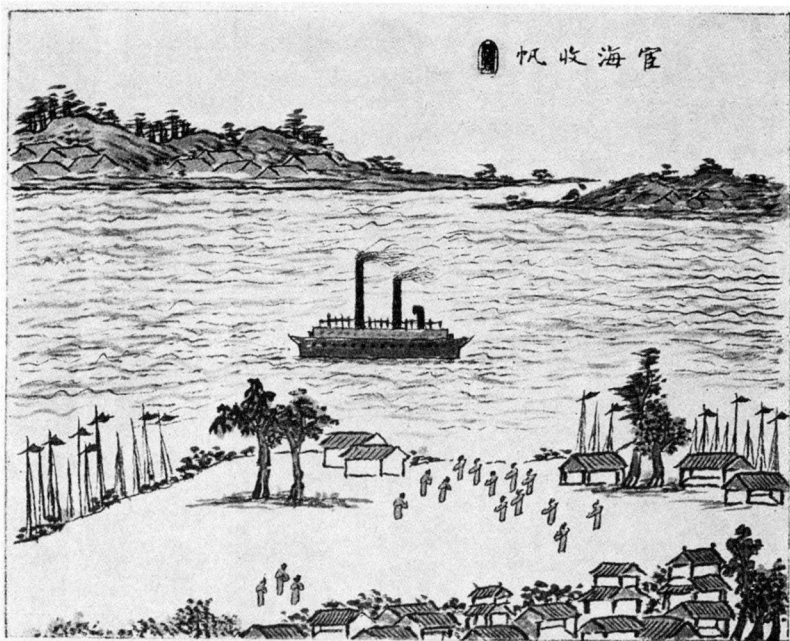

光绪三十四年戊申，五十三岁

二月初十日，由长沙率全眷，搬同许室人灵柩，搭轮渡洞庭湖。

十二日，抵汉口。其时郑仲耆、周朗轩两外甥，稻孙、菱孙两侄均在汉迎迓。复搭长江轮船，顺流而下。

十六日，抵下关。吾兄及诒芬女已另雇民船，泊江滨等候。其灵柩另搭江轮运宁，留菱孙在汉伴送，尚未到埠。余先与吾兄及同人等进城，挈穉孙侄居全福巷新宅。

宦海收帆，乡园重返，不禁喜极欲狂。惟回忆十年前出游时，送行者如郑镜潭姊丈、俞焕明先生，均已物故，读古人"去日儿童皆长大，昔年亲友半凋零"之句，又不禁感慨深之。

二十一日，室人灵柩运到，遵例入城安葬古林庵侧新茔。

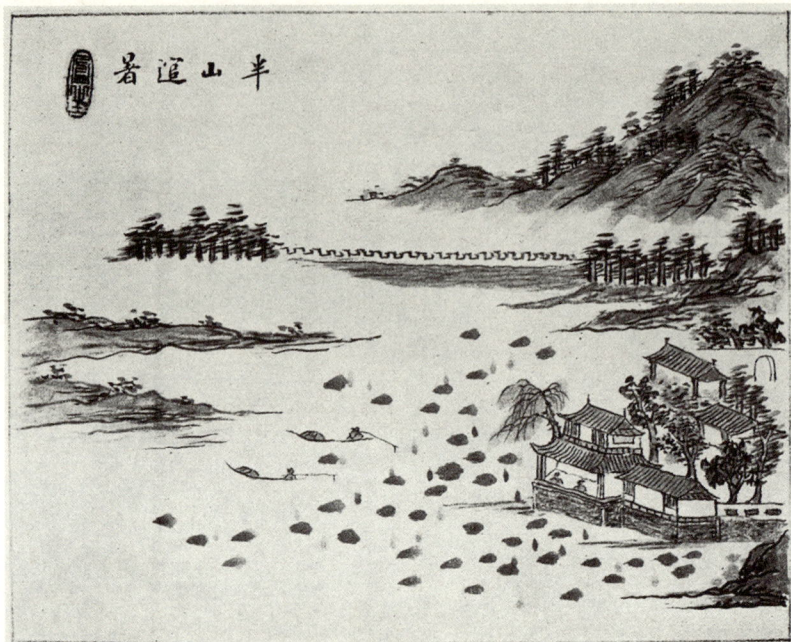

宣统元年己酉，五十四岁

半山寺在朝阳门侧，相传为王安石故居。由县东门至蒋山，此为半道，故以半山为名。历经兵燹，尽付劫灰。发逆平，里僧某捐资重建，规模虽未大备，然一瓦一椽，一草一木，手自经营，自觉幽深隐秀。近年当道之风雅者，新收水田十余亩，浚为荷池，遍植菡萏，临池添筑水阁数间，四面开窗，以便游人憩息。

余于五月间，大雨后偕吾兄往游。山后泉声，栏边荷影，香风徐至，洗涤尘襟。

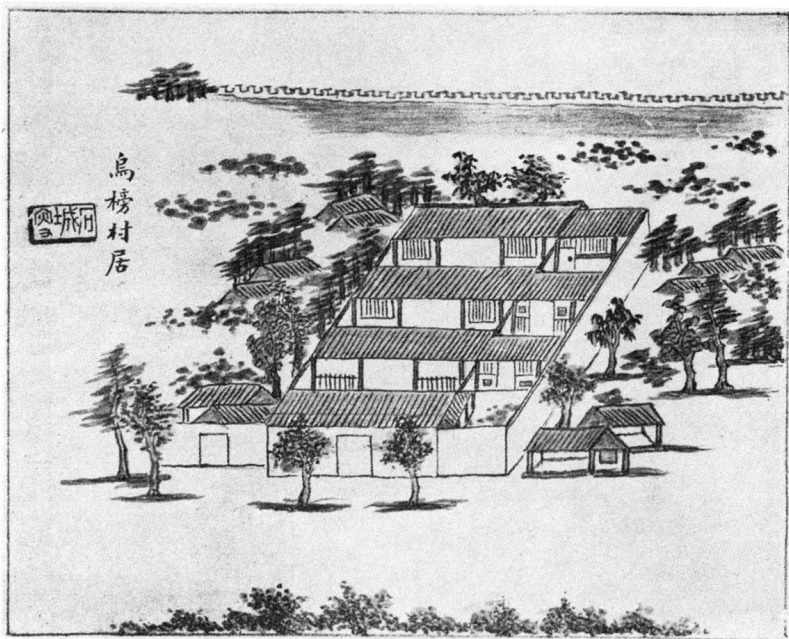

宣统二年庚戌，五十五岁

余幼时读韩翃[翃]《送冷朝阳还金陵旧宅诗》："落日澄江乌榜外，秋风疏柳白门前。"乌榜村名，虽不能实指其处，总不离汉西门西州桥一带。近是拟筑茅屋数椽，以为别墅，因事未果。嗣宦游归里，卜地数弓，建逸园于此，于是年二月落成。移家居之，自号乌榜村农。近是村者，余地多辟作菜畦，早韭晚菘，固可适口。而夕阳西下时，与二三樵牧，闲眺其间，亦与"桥通小市家林近，山带平湖野寺连"相似。故移家诗云："名缰利锁十余年，世事沧桑几变迁。一笑幡然作归计，琴书满载洞庭船。""西州城内地崇隆，卜得闲基有几弓。前近龙潭后菜圃，莼羹鲈脍正秋风。""凿池引水栽红藕，削竹编篱插碧萝。月下箫声风里笛，占来清福比人多。"

197

金焦雨點 晴

　　八月十九日，偕琴友女士，偕诒芬、诒淑两女，暨兰孙侄
游镇江。坐红船，先登焦山，至自然庵，看龙卵。过松蓼阁，入
定慧寺，获观周汉两鼎、诸葛铜鼓、杨文襄玉带。复登枕江阁，
穿三诏洞，上观音崖，下至汉隐庵、仰止轩。有四石大如鸡卵，
以水澄之，人物、花卉，形神毕具，真奇品也。后诣水晶庵，看
梅斑枝角鹿。归舟午饭罢，遂泛北固山，下游甘露寺。

　　次早，茗饮京江第一楼，微雨旋晴。舟泊金山，入江天寺，
历法海洞，登迎江塔最高层，访方丈，观东坡玉带。午后，诣中
冷泉，有楼五楹，可以眺远。一路垂柳数百株，阴浓夹道，柳
尽而楼见。汲泉煮茗，味极清甘。小憩片时，遂上火车，日暮
返家。

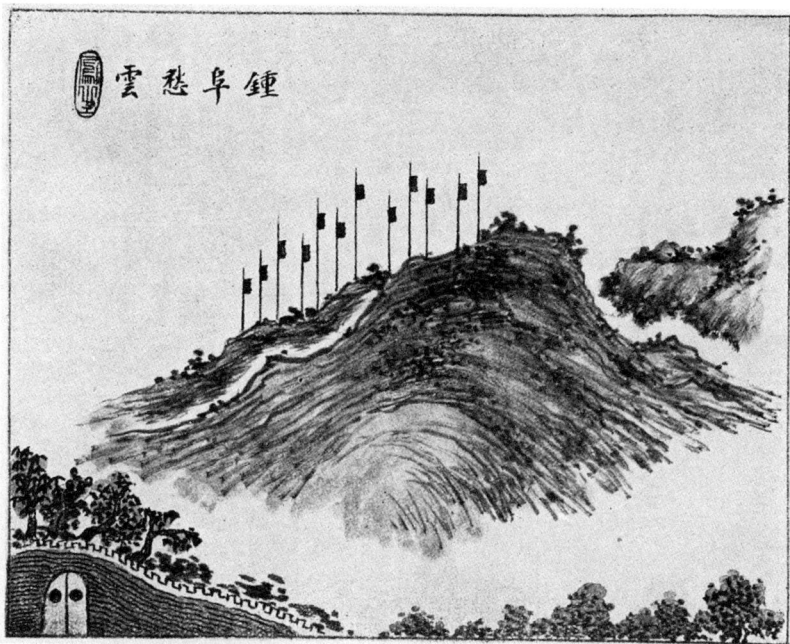

宣统三年辛亥，五十六岁

八月，黎元洪起革命军于武昌。上游如九江、安庆，下游如镇江、扬州、苏、常、上海，先后均为革命军所有。金陵留一孤城，张军门勋率巡防队数千，力主坚守。居民知不日将有战事，迁徙一空。余等俱陷城中，以军械局逼近，最为危险，遂移至红土桥老宅暂住。是时，各省民军大会于龙潭，节节前进，猛攻钟山龙膊子炮台。枪炮之声，数日不绝。

十一月十一日，张军败入城中，与铁将军良、张制军人骏，弃城而逃。十二日，城中皆悬白旗，欢迎民军。数日后，秩序已复，余回汉西门新宅。二十三日，公举孙文为临时大总统，改为中华民国元年，用阳历，即以是日为元年元旦。

十二月二十五日，清廷下逊位诏。

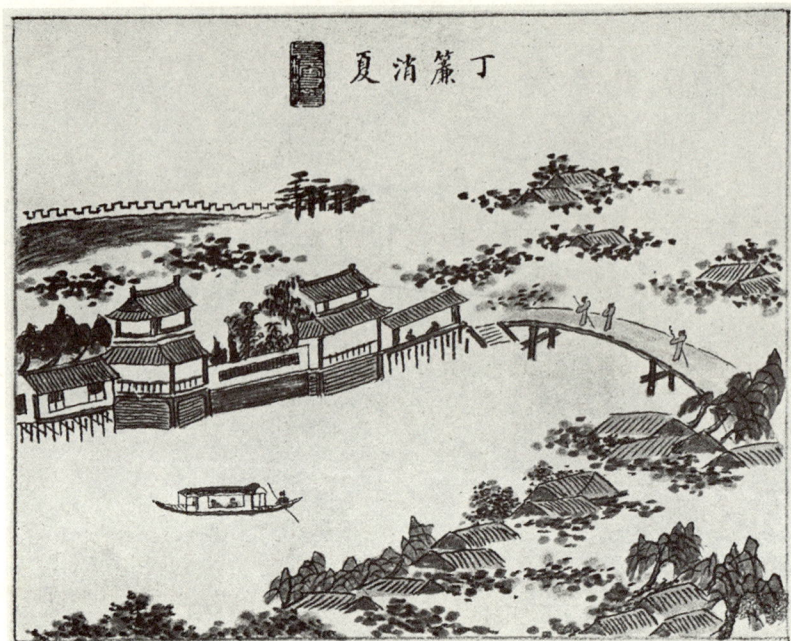

丁簾消夏

民国元年壬子，五十七岁

是年六月，偕郭伯刚、梁亚甫、印甫、周滨渔、韩子衡、成述舟，集秦淮舟中，作消夏会。舟泊丁字帘前。因对河水港歧出，如丁字形，故名，所谓"帘前丁字水"也。或又曰，即丁继之水亭，复社会文处也。蒋山真面，青翠扑人，疏柳曲栏，颇饶画意。吴舡载酒，达旦笙歌，颇极一时之盛。每十日一集，每集必至夜深始散。

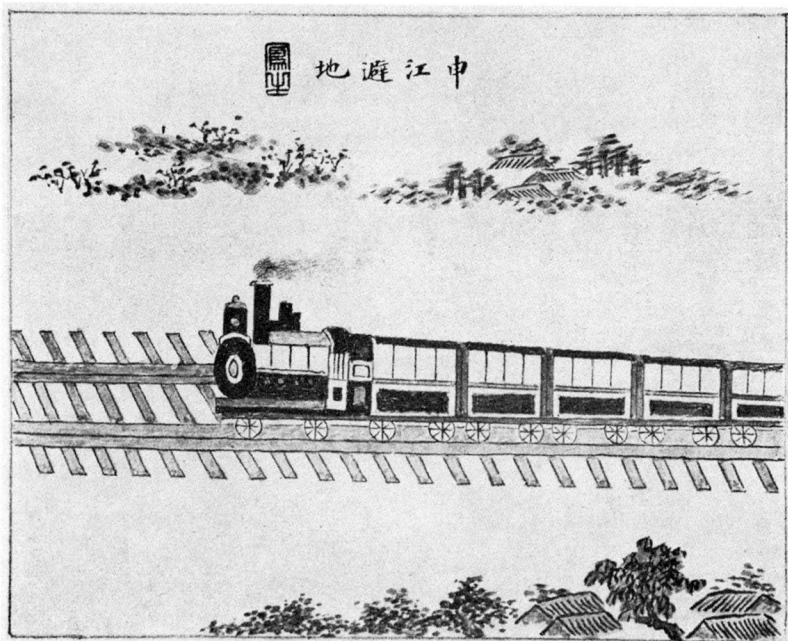

民国二年癸丑，五十八岁

七月，何海鸣据城独立。张勋率北军猛攻钟山，大战数日，合城汹惧。然鉴于前年革命之事，迁居者绝少。

八月初一日，城破。北军入城，焚淫掳劫，十室九空。余率合家大小避居邻舍小屋中，数日不得食。家中细软，先军士，后土匪，出入十余次，无一存者。

初十日，城中秩序稍复，即率眷匆匆乘火车驰赴上海。时避地者，人数极多，拥挤特甚。余诗有"举身难使背，插足不容趾。据地气若僵，侧立腰已痿"，即指此也。在沪小住两月余。

十一月下旬，仍坐火车返里。时汉西门住宅为人所据，另赁灰复巷小屋居焉。

龍江聽雨

民国三年甲寅，五十九岁

二月,移居大香炉王宅,凡五年十一月。

备奁遣嫁侄孙女蓉镜于周氏大姊之孙德官。时德官以高等中学毕业生,考取举人,在宜兴邮政局服务。不半月,率眷到宜供职。余偕琴友女士送至火车站。十一时登车开行。余等到下关江滨旅馆三层楼上午饭。时阴云密布,山雨忽来,满江烟雾,其风景较晴日尤佳。下午冒雨乘马车入城。

民国四年乙卯，六十岁

三汊河，距汉西门外石城桥约一里，有一小村落，为吾乡慈善家魏梅村先生放生之所，并设有义塾，教乡居贫民之失学者。地虽孤僻，而风景极佳。重九日，偕张卧楼、段象方两君，小步游此。象方有田庄在河之对岸。小舟渡去，见茅舍竹篱，清洁无比。几前并设秋菊两盆，以资点缀。其庄头陈某，坚留午饭。杀鸡为黍，自不待言。忽其子喘息而至，曰："已取得圩蟹数只矣。"相与沽酒大嚼，较之城市中之甘脆肥酸者，真有九天九渊之别。

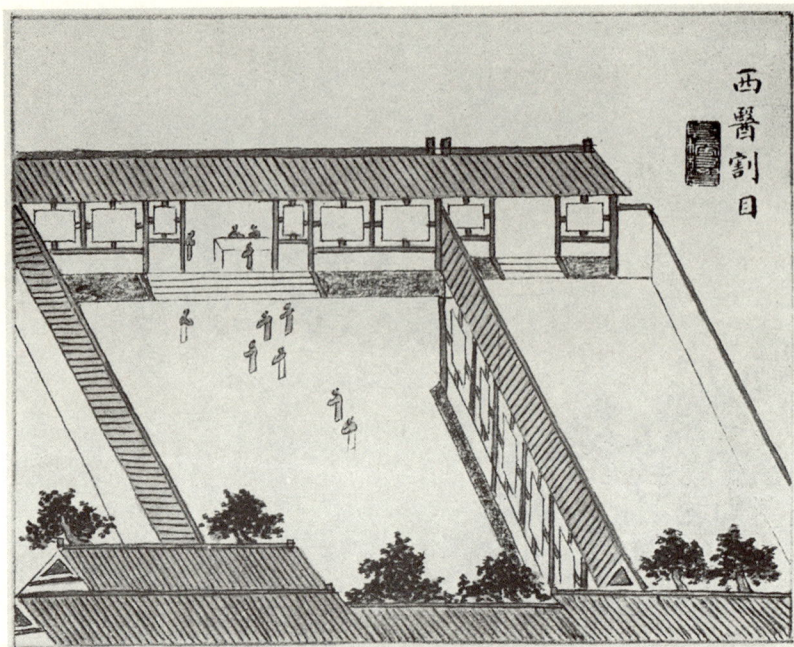

民国五年丙辰，六十一岁

予近年两遇兵灾,宦余薄俸,损失殆尽。危疑震撼,伤及肝肾,两目忽盲,直不见物。余友欧阳晓堂为西医中之巨擘,毛遂自荐,代为割治。订于七月某日,在家开割。予心中不无惴惴,而亲友来视予者甚多。先仰卧于医台上,用麻药水点透,持小刀将目内膜皮割断,取出一物,如胶凝结,若蚕豆大。不两分钟,大放光明,毫无痛苦,喜极欲狂。惟须蒙目稳卧六七日,俟刀口完好,始能行动。迄今已二十年,犹能在灯下作蝇头小楷也。

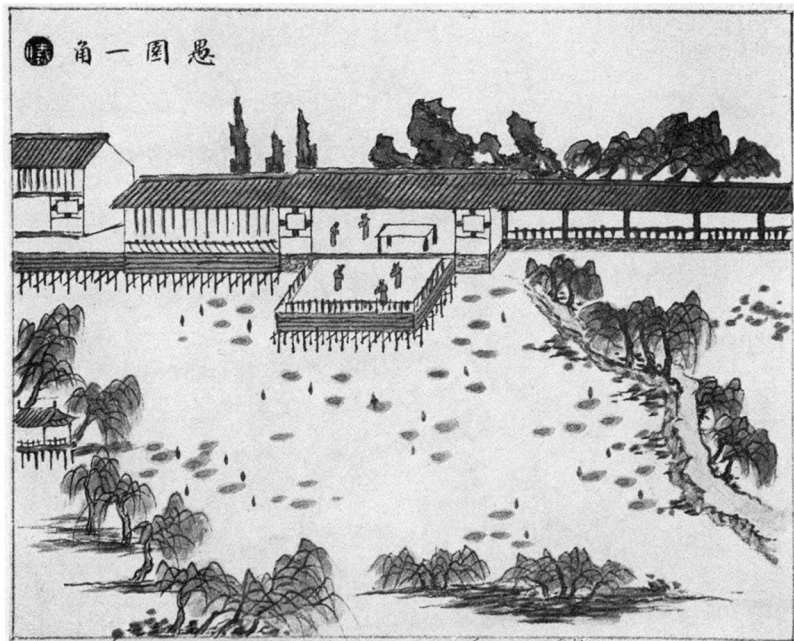

民国六年丁巳，六十二岁

愚园在城西鸣羊街。吾乡胡煦斋先生于红羊劫后，筑以娱亲者也。园分内外。内园以石胜，仿倪高士狮子林之式，叠而成之，崚嶒嵚崎，游者目眩。穿石而出，即为清远堂，前临方池，大可数亩。芙蕖出水，红白相间，此为园之最胜处。

吾兄偕丁礼民、陆安山等具并会移设于此园，每月一聚，即在清远堂中。余亦预焉。是岁六月，逢集会之期，时方盛暑，清晨偕兄往，他客未至，与主人碧澂先生，披襟当风，荷香暗袭，陶渊明所谓羲皇上人是也。

十二月，肝气大发，病势甚剧。中西兼治，未能尽平，带病度岁。

民国七年戊午，六十三岁

正月复病黄疸，误服滋补之品，几濒于危。改延他医治之，方转危为安。三月后始能出门。

秋日，偕琴友女士游古林庵。是庵在清凉山之北，为明僧古心所创，依山构造，树木深远。前有鹭鸶厅，因城外鹭鸶，当薄暮时，归宿于此，千百成群，翱翔上下，一白如雪。今厅已圮，鹭鸶亦不来矣。正殿后又有所谓海棠屏者，削山成壁，高数丈，廓如之，遍植秋海棠于其上，藉山崖以蔽夏日，较墙阴阶隅之下，尤觉鲜美。一片红霞，娇娆如锦。凭栏翘首，几度徘徊而不忍去。

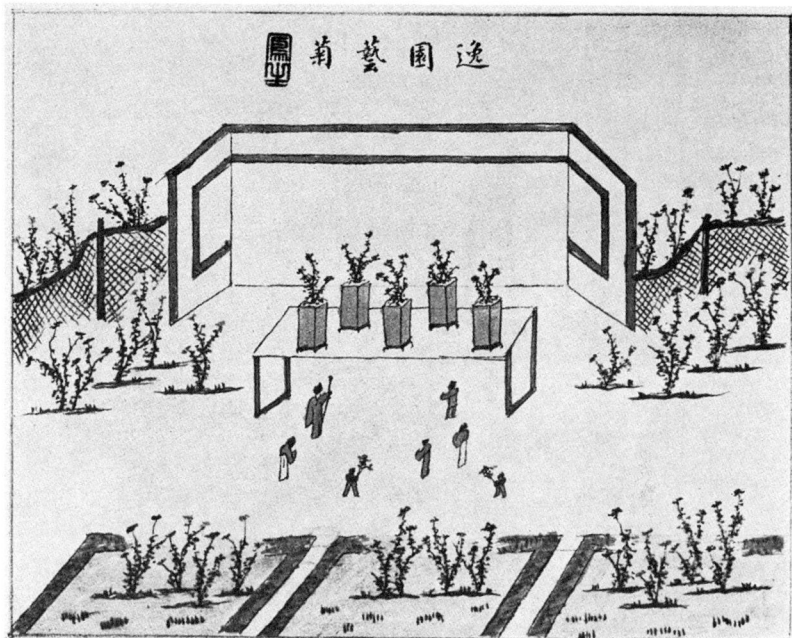

民国八年己未，六十四岁

　　二月,移回汉西门宅。花木长成,扶疏绕屋。吾爱吾庐,心境为之一爽。惟菉孙侄不知何故,不愿同居,殊深自歉耳。

　　是年,逸园中自艺菊花甚盛。自四月起,与琴友女士插枝、分根、移种、灌溉以为乐。辛勤半载,至十月中旬,全部大开,且异种多品,堆积如山,十色五光,目不暇给。伯兄伯姊,均扶杖来观。饮酒持螯,极家庭之乐事。

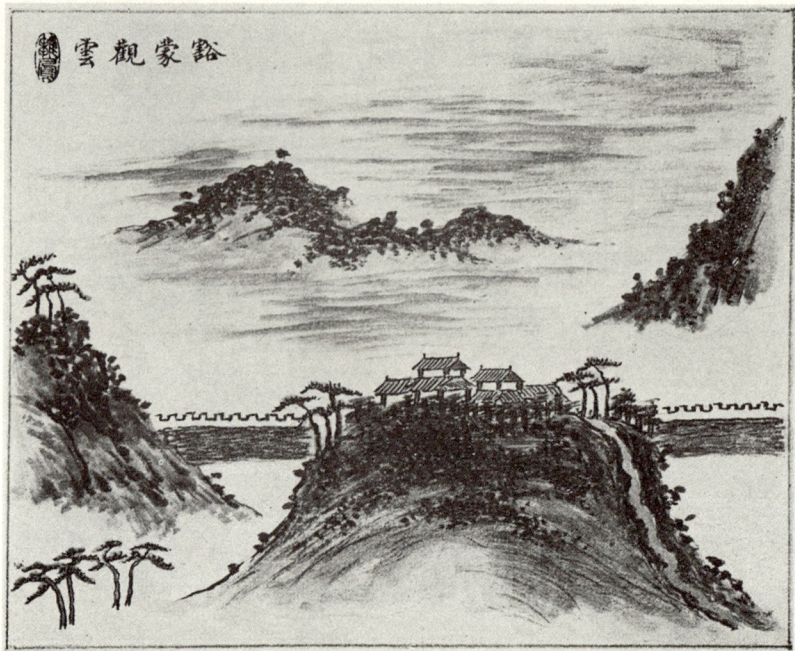

谿蒙观云

民国九年庚申，六十五岁

正月二十五日，吾兄以微疾逝世。距去年十月逸园赏菊之期，不过三越月耳。人生若朝露，岂不信哉！

四月初旬，与友人登鸡笼山。因南皮张文襄公督两江时，添筑一楼于观音楼之左，名曰谿蒙。超台城而上之，山光湖色，献媚争妍，北城游眺处，以此为最。时已过午，寺僧以素面饷客。正饮啖间，浓云四起，山雨忽来，烟露弥漫，别有一番气象。回忆三十年前，服官浙省时，路经嘉兴之烟雨楼，登览久之，其风景亦不过如是。日既晡，下山，乘人力车而归。

民国十年辛酉，六十六岁

四月，为诒淑女赘孙雨廷为霆婿于家中。婿为东南大学毕业生，品端学粹，为余生平最快意事。

十月，复偕琴友游西城一拂祠。祠在清凉山后，为宋郑侠少时读书故址。嗣官监门，因天灾，上《流民图》被谪，时身无长物，仅有一拂存焉。后人立祠于其地，即以一拂名之。境最幽深，人迹罕到，兼之小径纷歧，几有迷路出难之势，而霜叶满山，鲜红欲滴。吾两人贪看风景，择树林深处行，约一里许，丹枫尽处，忽然开朗，变崎岖为坦夷，知已穿到鼓楼北矣。遂至北门桥小饮充饥，仍步行而归。

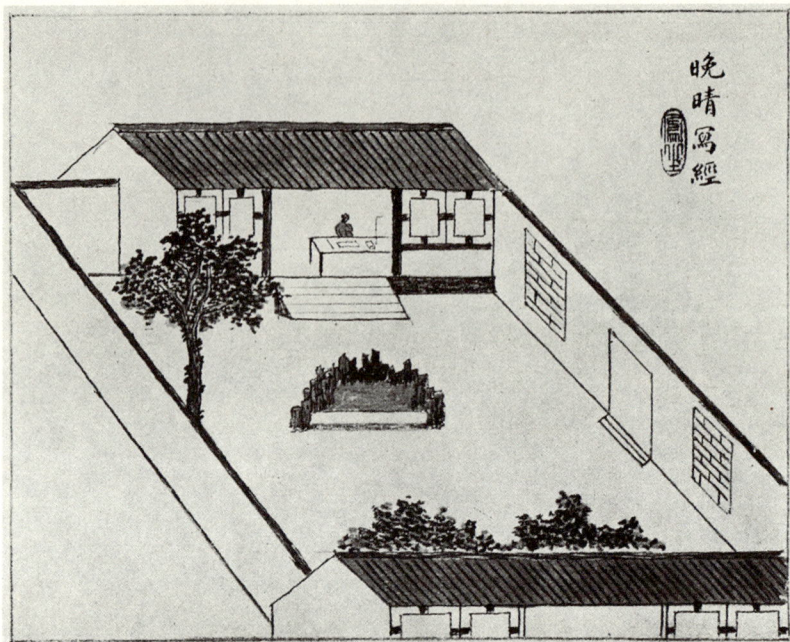

民国十一年壬戌，六十七岁

　　晚晴阁在逸园之西，面对双棠轩。檐前紫薇树一株，高约二丈，花时灿如云锦。院中叠太湖石为台，秋卉缤纷，与紫薇相掩映。予有楹联云："此间无限幽情，最可欣林木丛中，透一角夕阳，娱兹晚景；垂老怕谈时事，且对此石头城下，掬半池秋水，涤我尘襟。"无事时在阁静坐，并于今年元旦日起，每日晨兴，敬写《金刚经》一页，约三四百字，以为日课，寒暑无间，以一百卷为度。予虽不佞佛，而浏览经卷，似于静心养性之学，颇有关系。故立此愿，以消磨岁月，且藉以收束身心也。

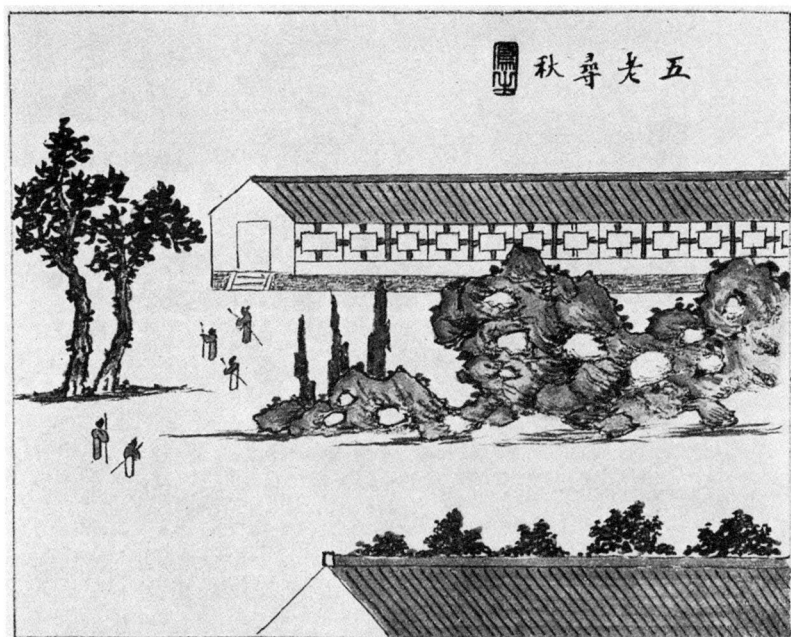

民国十二年癸亥，六十八岁

是年，因全福巷住宅地势低洼，屡遭水患，转售与人，取价生息，以补日用之不足。

八月，与韩子衡、濮友松、郭伯刚、端木季重做五老会，在友松家聚饮。旁有小厅，院中叠石为山，花树杂植，石山后平屋五间如船式，檐前老桂两株，浓阴如盖，数十年物也。时正着花，香闻满座。五人酒兴甚豪，高谈雄辩，继以诙谐，不以老而示弱。散时各有微醺之意云。

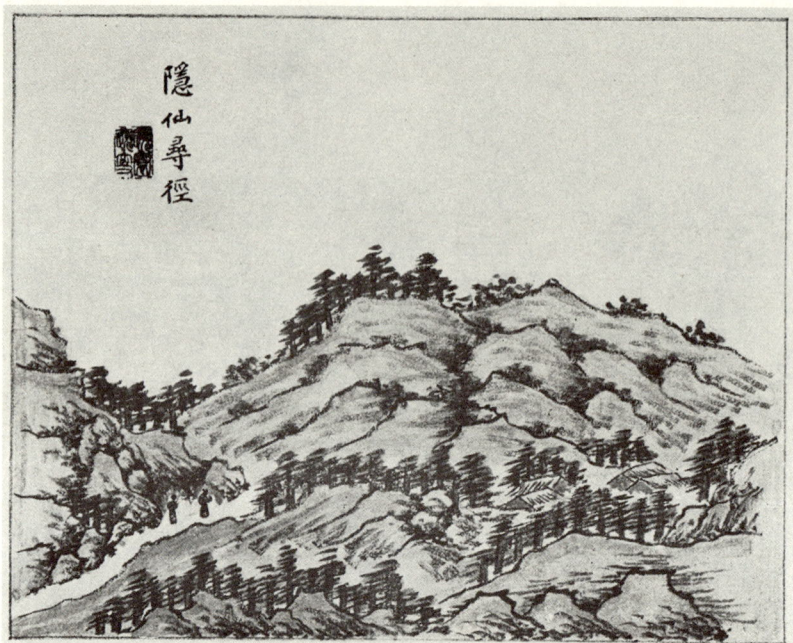

民国十三年甲子，六十九岁

　　隐仙庵，在虎踞关北，相传陶通明隐居于此。明初尹蓬头、冷铁脚诸人亦尝来游。清道光初，道士王璞山居之。璞山隐于琴，并工诗，与诸名士游，颇为人所推重。庵内有六朝松、宋梅各一株。旁有宫园，山石嵚崎，境最幽邃。花时游人麋集，主人亦尝煮茗以饷客焉。癸丑之乱，夷为平地。是年四月，斋居无俚，适琴友亦好山水游，遂相与往寻遗址。由山径曲折而入，见茅屋数椽，欹斜不整，询之土人，不独不知其处，亦不知其名，为之怃然者久之。遂循原路而返，时暮烟已四起矣。

民国十四年乙丑，七十岁

余于辛卯、壬辰间服官杭省，日与诸名流徜徉于六桥、三竺中，迄今三十余年矣。回首前尘，几如隔世。当时有客问于余曰："子两载西湖，游踪殆遍，然究以何者为极胜？"余曰："以山言，自应以灵隐寺、飞来峰一带为佳。以水言，应以三潭印月为佳。"合座均以为然。今岁八月，偕琴友暨诒芬女再游西湖，寓湖滨旅馆，而风景竟为之一变，洋房栉比，电灯通明，马路宽广，汽车络绎。而前此最爱天然之山水，更徘徊徙倚而不忍去。兹图成两幅，以纪泥爪，而实前言。灵隐寺在北高峰之下，前对飞来峰，峰麓有冷泉亭及雷壑亭，泉水自山罅泻下，细则作琴筑声，大则如雷鸣，虽大旱不竭。小坐片时，由灵隐寺后盘旋而上，行三四里，至韬光庵，一路竹阴浓翠欲滴。每一念及，令人生出尘之想。

三潭印月，为西湖十景之一，在湖之中心，以水面印三石塔，故名。到杭之次日，买舟往游。登岸后，观荷花池。池大约数亩，有石峰二，高逾两丈，玲珑空透，矗立水中。时花事已阑，枯荷残苇，偶作秋声。过九折桥，直达一亭，修竹万竿，仰不见日。转入彭刚直退省庵，明窗净几，翛然绝尘。由竹阴深处行，湖边结屋数间，中有联云："闲云潭影日悠悠；枫叶荻花秋飒飒。"此联与此景不甚相合，似专为余秋日来游而集也。时已薄暮，水天一色，眼界大开，较湖心亭之空旷，更胜十倍不止。

楼霞碑寻

民国十五年丙寅，七十一岁

是年，续编支谱，三月告竣。《金刚经》书成一百部，已装订成册矣。

四月，忽动游栖霞山之兴。琴友及诒芬亦愿随往，而以雨廷为向导。遂于二十六日晨，乘人力车出神策门，搭火车至栖霞站，遵陆行。一路水声潺潺，约三四里，见栖霞寺山门，红墙一角，出没于两旁松桧中。北行数百步，登三会殿，木石纵横，丁丁之声相接触，正建大殿未竣时也。再进至禅房，坐久之，饮茗进点，后行至如来佛殿。龛前见有美国两夷婆，行合十跪拜礼，向佛求签，游人围观者颇众，不禁发一大噱。于是左转，过舍利塔，旁有石洞，窈然而深，内凿无量寿佛像，旁有二菩萨侍焉，俱高二丈许，仰首始见其顶。再拾级而登，上为千佛崖，佛身凿于山腰，大小不一，有完好者，有缺头断足而补修者，亦有仅现一佛形而不见佛面者。两旁泉声咽石，树色蔽天。至纱帽峰，腰腿颇乏，不能策杖行，遂踞树阴中盘石小憩。而琴友鼓勇直登西峰，寻行宫旧址，逾时翩然下。据云山愈高，景愈佳。余闻之，不免望洋兴叹矣。遂相与下山，至日本人新筑后殿，稍养足力。复回车站，登火车至下关，转乘人力车进城。是役也，同游者尚有张卧楼伉俪，马竹轩上舍，偕余等共七人。

十月，国民革命军至武昌下，沿江一带戒严，金陵震动。雨廷挈妻及子回六合度岁。

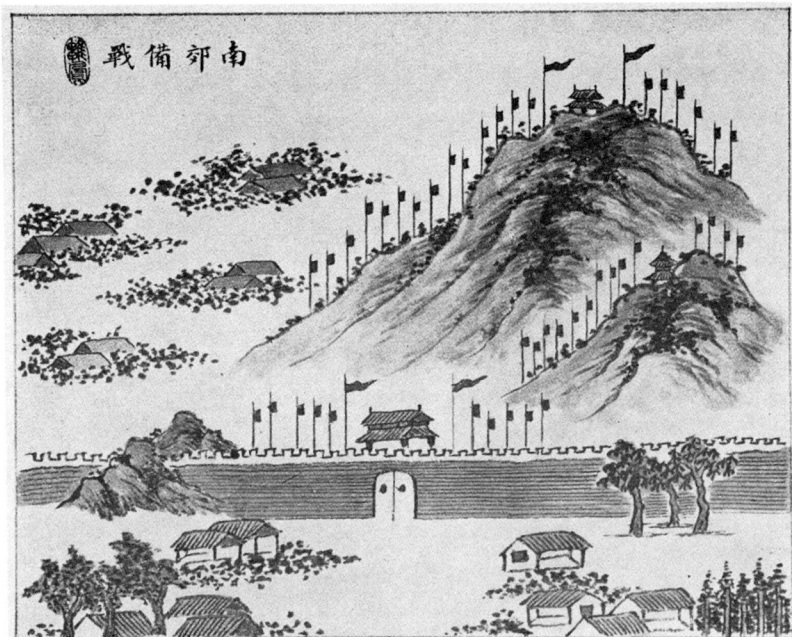

民国十六年丁卯，七十二岁

正月，战事略平。雨廷等渡江回。

二月，国民革命军大举围攻南京。时宁六小轮因战停驶，向救生局借红船，又送雨廷、榴孙及三外孙回六合暂避。是月中旬，猛攻雨花台，枪炮之声昼夜不绝。二十一日，城破。党军进城，直、鲁军退至江北。

三月，直、鲁军由津浦路反攻，长江隔断，与六合五十日未通音信。

四月，党军渡江，直、鲁军又败退。

五月下旬，雨廷等复渡江归宁。

八月初二日，周氏大姊病殁，时年已八十九矣。

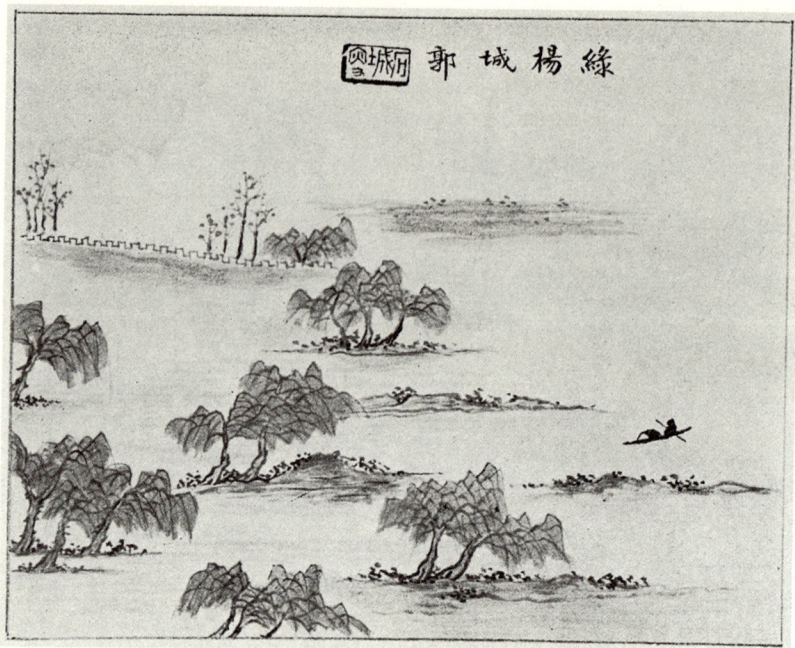

民国十七年戊辰，七十三岁

是年，雨廷在扬州中学供秘书职，榴女及外孙等亦随去。因忆戊子年乡闱报捷后，曾偕大姊丈周浦云往扬一游，至今四十余年矣。

八月，榴女在扬小病，余与琴友前往看视，到后女病已愈，遂与孙叠波亲家买舟往瘦西湖，匆匆一览。因家中无人，先行束装回里。来往均乘宁沪火车及扬镇汽车，取其稳且速也。琴友亦于九月间归来。

十一月，移居本宅第四进。前三进让出，另赁与人，取租金以补衣食之不足。

邢上重遊

　　右图记,叔父芷江公之所作也。芷江公自解组归,世变日亟,二十余年闭门却轨。闲居无俚,辄以书画自娱。生平所历,年系以图,并为之记。颇欲于八十生日,以此印遗宾客。乃今年七十有九,遽捐馆舍。孙雨廷妹倩遂捡以影印焉。展卷读之,殆同年谱。回首东山楼馆林竹之盛,不知涕泗之无从也。岁在阏逢阉茂易月,侄诒绂谨跋。

　　右先外舅陈逸园先生《八十年经历图记》,为图八十九幅,为记八十八篇,盖未竟之作也。先生初未习画,归田后始以自娱。所作《楚南宦游西城十六景》《金陵四十八景》诸图,重墨干皴,方劲古黝,见者谓得石叟遗意。此册略仿麟见亭《鸿雪因缘》之例,自写生平踪迹,期成百帧。为霆曾请付影印,于八十生日,分诒宾朋,先生笑应之。乃今年九月,竟以微疾捐馆舍。册中自"邗上重游"后,尚有"通济观汛""斗室著书""明宫怀古""东城寻春""息庐息影""荒寺问禅""玄武尝秋""鸿雪樵图""家园小宴""泮水重游""松鹤延年"十一目,皆未及命笔。人事不可测遽如此。兹检遗稿制版,不胜山颓木坏之悲已。甲戌十一月,孙为霆谨识。

"南京稀见文献丛刊"
已出书目

1. 《六朝事迹编类·六朝通鉴博议》　　　　　（宋）张敦颐；（宋）李焘

2. 《梁代陵墓考·六朝陵墓调查报告》

　　　　（清末民初）张璜；（民国）中央古物保管委员会编辑委员会

3. 《南唐书（两种）》　　　　　　　　　　　　（宋）马令；（宋）陆游

4. 《南唐二主词》　　　　　　　　　　　（南唐）李璟，李煜

5. 《南唐二陵发掘报告》　　　　　　　　　　南京博物院

6—9. 《景定建康志》　　　　　　　　　　　　（宋）周应合

10. 《金陵百咏·金陵杂兴·金陵杂咏·金陵百咏（外一种）》

　　　　（宋）曾极；（宋）苏泂；（清）王友亮；（清）汤濂

11. 《南京·南京》　　　　　　　　　　（明）解缙；（民国）李邵青

12. 《洪武京城图志·金陵古今图考》　　　　（明）礼部；（明）陈沂

13. 《献花岩志·牛首山志·栖霞小志·覆舟山小志》

　　　　（明）陈沂；（明）盛时泰；（明）盛时泰；（民国）汪鋆

14.《金陵世纪·金陵选胜·金陵览古》

(明)陈沂;(明)孙应岳;(清)余宾硕

15.《后湖志》 (明)赵官等

16.《金陵琐事·续金陵琐事·二续金陵琐事》 (明)周晖

17.《客座赘语》 (明)顾起元

18—20.《金陵梵刹志》 (明)葛寅亮

21.《金陵玄观志》 (明)葛寅亮

22.《留都见闻录·金陵待征录》 (明)吴应箕;(清)金鳌

23.《板桥杂记·续板桥杂记·板桥杂记补》

(明末清初)余怀;(清)珠泉居士;(清末民初)金嗣芬

24.《建康古今记》 (清)顾炎武

25.《随园食单·白门食谱·冶城蔬谱·续冶城蔬谱》

(清)袁枚;(民国)张通之;(清末民初)龚乃保;(民国)王孝煃

26.《钟山书院志》 (清)汤椿年

27.《莫愁湖志》 (清)马士图

28.《秣陵集》 (清)陈文述

29.《摄山志》 (清)陈毅

30.《抚夷日记》 (清)张喜

31.《白下琐言》 (清)甘熙

32.《灵谷禅林志》 (清)甘熙、谢元福,(民国)佚名

33.《承恩寺缘起碑板录·律门祖庭汇志·扫叶楼集·金陵乌龙潭放生池古迹考》

(清)释鹰巢;(清末民初)释辅仁;(民国)潘宗鼎;(民国)检斋居士

34.《教谕公稀龄撮记·可园备忘录·凤叟八十年经历图记》

　　　　　　　（清）陈元恒，（清末民初）陈作霖；（清末民初）陈作霖，

　　　　　　　（民国）陈祖同、陈诒绂；（清末民国）陈作仪

35–37.《南京愚园文献十一种》　　　（清）胡恩燮，（民国）胡光国 等

　　　《白下愚园集》　　　　　　（清）胡恩燮等，（民国）胡光国

　　　《白下愚园续集》　　　　　（清）张之洞等，（民国）胡光国

　　　《白下愚园续集（补）》　　（清）潘宗鼎等，（民国）胡光国

　　　《愚园宴集诗》　　　　　　　　　　　（清）潘任等

　　　《白下愚园题景七十咏》　　（清）胡恩燮，（民国）胡光国

　　　《愚园楹联》　　　　　　　　　　　（民国）胡光国

　　　《白下愚园游记》　　　　　　　　　（民国）吴楚

　　　《愚园题咏》　　　　　　　　　　　（民国）胡韵蕖

　　　《愚园诗话》　　　　　　　　　　　（民国）胡光国

　　　《愚园丛札》　　　　　　　　　　　　　佚名

　　　《灌叟撮记》　　　　　　　　　　　（民国）胡光国

38–39.《金陵琐志九种》　　　（清末民初）陈作霖，（民国）陈诒绂

　　　《运渎桥道小志》　　　　　　　　（清末民初）陈作霖

　　　《凤麓小志》　　　　　　　　　　（清末民初）陈作霖

　　　《东城志略》　　　　　　　　　　（清末民初）陈作霖

　　　《金陵物产风土志》　　　　　　　（清末民初）陈作霖

　　　《南朝佛志寺》　　　　　　（清末民初）孙文川，陈作霖

　　　《炳烛里谈》　　　　　　　　　　（清末民初）陈作霖

　　　《钟南淮北区域志》　　　　　　　　（民国）陈诒绂

　　　《石城山志》　　　　　　　　　　　（民国）陈诒绂

《金陵园墅志》 （民国）陈诒绂

40–41.《秦淮广纪》 （清）缪荃孙

42.《盋山志》 （清）顾云

43.《金陵关十年报告》 （清末民国）金陵关税务司

44.《金陵杂志·金陵杂志续集》 （清末民初）徐寿卿

45.《新京备乘》 （民国）陈酒勋，杜福堃

46.《金陵岁时记·岁华忆语》 （民国）潘宗鼎；（民国）夏仁虎

47.《秦淮志》 （民国）夏仁虎

48.《雨花石子记》 （民国）王猩酉

49.《金陵胜迹志》 （民国）胡祥翰

50.《瞻园志》 （民国）胡祥翰

51.《陷京三月记》 （民国）蒋公縠

52.《总理陵园小志》 （民国）傅焕光

53.《金陵名胜写生集》 （民国）周玲荪

54.《丹凤街》 （民国）张恨水

55.《新都胜迹考》 （民国）周念行，徐芳田

56.《金陵大报恩寺塔志》 （民国）张惠衣

57.《万石斋灵岩大理石谱》 （民国）张轮远

58.《明孝陵志》 （民国）王焕镳

59.《冶城话旧·东山琐缀》 （民国）卢前

60.《首都计划》 （民国）国都设计技术专员办事处

61.《总理奉安实录》 （民国）总理奉安专刊编纂委员会

62–63.《总理陵园管理委员会报告》 （民国）总理陵园管理委员会

64.《新南京》 （民国）南京市市政府秘书处

65.《南京防空经验》　　　　　　　　　（民国）中央防空学校

66.《京话》　　　　　　　　　　　　　（民国）姚颖

67.《南京概况》　　　　　　　　　　　（民国）书报简讯社

68.《骆博凯家书》　　　　　　　　　　〔德〕骆博凯

69.《外人目睹中之日军暴行》　　　　　〔英〕田伯烈

70.《南京》　　　　〔德〕赫达·哈默尔, 阿尔弗雷德·霍夫曼